Arianna e le Altre

Il mondo femminile attraverso il Mito

Francesca Piombo

Arianna addormentata
copia romana di originale greco del II secolo a.C., Uffizi

ISBN 978-1-326-19177-1

In copertina: Andrea Mantegna, Parnaso, Quattro Muse (1497)

Dedicato a mia madre

"Tu raccogli, cuci

e collega ogni cosa, ogni esperienza,

capirai poi cosa farne".

I proventi dei Diritti d'Autore saranno devoluti all'Associazione "Soccorso Rosa"

INDICE

PREMESSA

Da piccola adoravo leggere. Non appena sono stata in grado di farlo da sola, le fiabe che mia madre puntualmente ogni sera mi narrava fin dalla tenera età, sono state poi riprese ed approfondite durante l'adolescenza; potevo fermarmi a lungo su ognuna di loro, potevo scoprirne il significato profondo, andare al di là della storia narrata e farle mie, comprenderne il mistero.

Nelle fiabe c'è un tesoro nascosto che può arricchire l'anima.

Attraverso il mondo immaginario che ci presentano, attraverso le emozioni che suscita la lettura, si può entrare in contatto con le proprie emozioni, le passioni, le aspirazioni, ma anche con i conflitti e le contraddizioni che agitano l'animo umano e che puntualmente le fiabe presentano, prospettando una soluzione.

Senza che ci sia bisogno di fissare uno spazio o di stabilire un tempo preciso, ciò che "era una volta", ciò che si svolge "in un paese lontano", ciò che permette di "vivere felici e contenti" viene fatto proprio attraverso il simbolo e l'immaginazione, entra in relazione stretta con la coscienza individuale e spalanca la porta ad un messaggio globale ed universale.

Similmente, i miti e leggende dei popoli antichi possono avere le stesso effetto, tanto che pensare "miticamente" può aiutare a trovare le risposte a molti degli interrogativi e dubbi che affollano l'animo umano, può spiegare il perché di alcuni sentimenti che non si riescono a comprendere, può aiutare durante il crollo di alcune certezze, ma può anche prospettare un nuovo modo di guardare alla vita, facendo rintracciare in sé stessi potenzialità e talenti che non si sospettava di avere; pensare "miticamente" sposta il problema dal personale ed apre ad una visione più allargata, meno circoscritta all'evento o alla situazione che si sta vivendo; pensare "miticamente" tranquillizza.

Questa predisposizione a leggere i messaggi simbolici racchiusi nel mito e nella fiaba, si è incontrata circa vent'anni fa con lo studio dell'Astrologia ed il meraviglioso mondo di simboli archetipici in essa è contenuto.

Questo libro è il frutto dei tanti studi sul mito e sull'Astrologia psicologica che ho condotto negli anni, un libro in cui ho affrontato il tema degli archetipi femminili mitici e psicologici così come teorizzati dal grande filosofo svizzero Carl Gustav Jung (Kesswil, 26.07.1875-Kusnacht 6.01.1961), ai quali ho aggiunto riflessioni di carattere astrologico e l'esposizione ed interpretazione di alcune fiabe che confermano la teoria junghiana dell' "Inconscio Collettivo", in cui si muovono personaggi e figure immaginarie la cui matrice simbolica è universale e scrigno di grande insegnamento per il cammino evolutivo dell'uomo.

Ho voluto dedicare il titolo al personaggio mitologico di Arianna di Cnosso, perché figura riassuntiva dell'esigenza innata nella donna a non delegare ad altri il riconoscimento del valore personale ma rintracciarlo, coltivarlo e nutrirlo prima di tutto in sé stessa.

Ariadne in Naxos
Evelyn De Morgan, 1877

CARL GUSTAV JUNG

IL PERCORSO D'INDIVIDUAZIONE

"Il destino di un uomo è il percorso che egli segue
per attraversare la vita, è il cammino
grazie al quale attualizza ciò che è fin dall'inizio".
C. *Widmann*

La mia formazione umanistica ed astrologica affonda le sue radici e motivazioni sul pensiero del padre della psicologia analitica, Carl Gustav Jung, per quello che lui chiamava "Percorso d'individuazione dell'Io", inteso come la spinta innata che c'è in ogni individuo a compiere sé stesso, a conoscere la sua totalità (*individuo*, dal latino: non diviso) e che in Astrologia è simboleggiata dalla carta astrale di nascita. Così si esprime Jung a proposito dell'individuazione nel suo "Tipi psicologici": "L'individuazione è in generale il processo di formazione e di caratterizzazione dei singoli individui e, in particolare, lo sviluppo dell'individuo psicologico, come essere distinto dalla generalità, dalla psicologia collettiva. L'individuazione è quindi un processo di differenziazione che ha per meta lo sviluppo della personalità individuale. La necessità dell'individuazione è una necessità naturale, tanto che impedire l'individuazione, tramite il tentativo di stabilire delle norme ispirate prevalentemente o addirittura esclusivamente a criteri collettivi, significa pregiudicare l'attività vitale dell'individuo". [1]
Si tratta quindi di una spinta innata ed imprescindibile che porterà l'individuo a essere quello che è già in potenza alla nascita, a seguire la sua disposizione naturale, al di là di ciò che ha ereditato dalla tradizione familiare o che gli è stato indicato o addirittura imposto dalla mentalità collettiva.
Ciò non significa che Jung non desse valore alle norme e alle regole del

---

[1] C. G. Jung, *Tipi psicologici*, Bollati Boringhieri, Torino 1968, pag. 463

collettivo; proprio per il fatto che l'individuo vive in un contesto allargato, è di vitale importanza che lui partecipi a ciò che è condiviso e riconosciuto dalla società in cui vive. Il suo compito primario, però, è quello di differenziarsi da ciò che è convenzionalmente seguito, per esprimere quanto di personale e di specifico della sua individualità può portare al mondo. Ma per differenziarsi, bisognerà innanzitutto conoscersi, sapere ciò che muove le proprie azioni, non solo nella parte cosciente, ma anche in quella inconscia della propria psiche. Ecco perché, secondo Jung, "individuarsi" è un dovere sociale, perché la capacità di autodeterminazione del singolo potrà dare vita ad una collettività migliore, proprio perché maggiormente differenziata e consapevole.

Un pensiero filosofico incredibilmente evoluto per i tempi in cui è stato espresso, ma nello stesso tempo semplice, che si forgiava sulle intuizioni del padre della psicologia Sigmund Freud, ma lo ampliava e lo proiettava verso nuove conclusioni.

Carl Gustav Jung

L'INCONSCIO PERSONALE E COLLETTIVO

"Tutto ciò che sento, penso, ricordo, voglio e faccio
senza intenzione e senza farci attenzione,
tutte le cose future che si preparano in me
e prima o poi saliranno alla coscienza".
C. G. Jung

Già Freud agli inizi del '900 aveva descritto l'inconscio come un'area specifica della psiche in cui, a partire dall'infanzia, attraverso i due principali meccanismi di difesa della mente, la Negazione e la Rimozione, si era depositato tutto un complesso di istinti, ricordi, fantasie, pulsioni e sensazioni spiacevoli, che entravano in conflitto con la mente conscia e per questo venivano repressi e congelati in questa sorta di contenitore temporaneo della psiche, da cui sarebbero stati ripresi più avanti, quando l'Io fosse stato pronto a gestirli in maniera razionale, senza provare quella sofferenza che risultava insostenibile in quell'età così precoce. Negazione e Rimozione e tutti gli altri sistemi di difesa della psiche, come per esempio la Razionalizzazione, la Fuga o la Dimenticanza, continuano ad agire sull'individuo anche nell'età adulta, nell'attimo in cui l'Io cosciente si nega all'incontro con questa sfera ignota.

Ma se Freud collegava queste rimozioni esclusivamente a blocchi di origine sessuale e più avanti Alfred Adler li riconduceva a ciò che lui definiva "Istinto di potenza", Jung ne rintracciava i motivi in pulsioni e sentimenti contrari e di varia natura che riguardavano campi d'applicazione molto vasti, in grado di produrre una grande quantità d'energia (*libido*) che spingeva la psiche a trovare un equilibrio tra pulsioni e bisogni contrari e contemporaneamente indispensabili, consentendo così all'Io di agganciare la dimensione inconscia racchiusa nel suo Sé.

Scrive Jung in "La psicologia dell'inconscio": "Tutti gli impulsi, pensieri, desideri e tendenze che si oppongono all'andamento razionale della vita quotidiana sono elementi cui si nega la possibilità d'espressione, che vengono relegati nel sottofondo e finiscono col cadere nell'inconscio. In esso si trova tutto ciò che è stato rimosso e represso, che è stato deliberatamente ignorato e svalutato e che, accumulandosi a poco a poco, col tempo acquista tanta forza da cominciare ad esercitare un influsso sulla coscienza." [2]

L'inconscio personale quindi, la grande intuizione freudiana, è sostanzialmente un'area psichica legata strettamente ad istinti e sentimenti un tempo consci, ma che poi sono stati rimossi o dimenticati perché spiacevoli e in conflitto con i dettami morali, o quanto accettato dalla coscienza; sentimenti e percezioni strettamente legati al vissuto familiare e sociale, nonché alle condizioni ambientali, religiose e culturali, in cui sono state fatte le prime esperienze emotive. La grande intuizione junghiana invece è quella di aver ipotizzato, oltre alla presenza di un inconscio personale, una dimensione sovra-personale, "l'inconscio collettivo", un substrato psichico innato, una fonte originaria arcaica che affonda le sue radici nella notte dei tempi e che, preesistendo all'Io stesso, condiziona ed orienta i comportamenti individuali, nonostante la barriera razionale prodotta della coscienza.

Leggiamo ancora Jung: "Possiamo distinguere un inconscio personale che comprende in sé tutte le acquisizioni dell'esistenza personale, dunque cose dimenticate, rimosse, percepite, pensate e sentite al di sotto della soglia della coscienza. Accanto a questi contenuti inconsci personali esistono però altri contenuti che non provengono da acquisizioni personali, ma dalla possibilità di funzionamento che la psiche ha ereditato, la struttura cerebrale ereditata. Queste sono le trame mitologiche, i motivi e le immagini che in ogni tempo e luogo possono riformarsi indipendentemente da ogni tradizione e migrazione storica. Questi contenuti io li denomino "collettivamente inconsci". L'esperienza ci insegna che anche i contenuti inconsci, al pari di quelli coscienti, sono impegnati in una determinata attività". [3]

Potremmo a questo punto vedere l'inconscio collettivo come una specie di "pozzo" dove si sono stratificati a partire dai primordi della vita

---

[2] C. G. Jung, La psicologia dell'inconscio, Grandi Tascabili Newton, Roma 1989, pag. 150
[3] C.G. Jung, Tipi psicologici, Bollati Boringhieri, Torino 1968, pagg. 460-463

dell'uomo le esperienze del genere umano, i modelli originari del comportamento.

Jung chiamava questi modelli "Archetipi", entità non concrete, a-temporali ed a-spaziali che contengono i contrari e che agiscono sulla psiche attraverso immagini universali con altrettanti significati, al di là di ogni differenza di cultura, stato sociale, appartenenza etnica, razza o religione.

Questo implica anche che l'inconscio collettivo non sia assoggettato a regole spazio-temporali, a tal punto che l'uomo, nell'entrare in contatto con questa dimensione psichica, può trascendere la sua storia personale ed agganciarsi direttamente alla storia di tutta l'umanità.

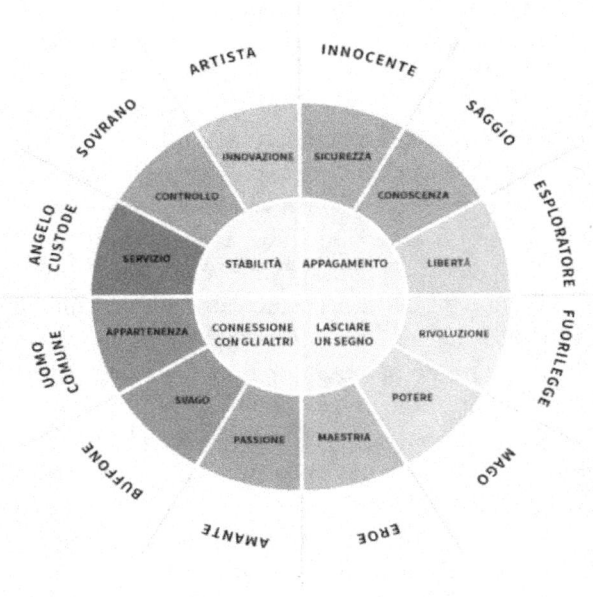

GLI ARCHETIPI DELL'INCONSCIO COLLETTIVO

"Conoscerne il significato
rende tollerabili molte cose, forse tutte".
C. G. Jung

I contenuti dell'inconscio personale sono quelli che Jung chiamava "complessi a tonalità affettiva". Definendoli così, metteva l'accento sul fatto che il principale motore che sta alla base della vita psichica è l'affettività, perché tutte le esperienze della vita infantile che si sono legate ad una certa emozione convoglieranno attorno a quell'emozione anche la struttura percettiva e mentale, saranno loro il substrato che creerà l'impalcatura razionale e conclusiva della mente. I contenuti dell'inconscio collettivo invece venivano definiti da Jung "Archetipi", (dal greco arketypos, modello originale) immagini primarie degli istinti primordiali, da cui hanno origine i comportamenti stessi e la modalità di espressione di ogni individuo, che di volta in volta viene spinto dalla psiche ad attivarli e renderli coscienti.

Nella definizione di Archetipo, Jung aveva tenuto presente le "Idees principales" di Sant'Agostino, così come scrive nel suo "Gli archetipi dell'inconscio collettivo": "Les idees principales (idee originarie) sono forme stabili ed immutabili, che non sono state create e perciò sono eterne e si presentano allo stesso modo perché contenute nell'intelligenza divina". [4]

Più avanti nel tempo, Jung fece una distinzione tra l'archetipo presente nell'inconscio collettivo ma non percepibile e quello "attualizzato", divenuto cioè percepibile, perché ormai rivelatosi alla mente conscia attraverso un'immagine simbolica, o un'intuizione, un sogno, un insight che si manifestano quando la psiche sia pronta per elaborarne il significato.

In più, gli Archetipi junghiani sono dinamici e in continua evoluzione, proprio a seconda della modalità con cui l'individuo sceglierà d'interpretare

---

[4] C.G. Jung, Gli Archetipi dell'inconscio collettivo, Opere, vol. 9, Bollati Boringhieri, Torino 1990, pag. 59

a seconda del grado evolutivo raggiunto e del contenuto che avrà bisogno di attivare, per ampliare la sua consapevolezza e la conoscenza di sé.

Ciò significa che, in base all'esperienza specifica che si delinea, possono prendere vita modelli già presenti nella psiche ma mai attivati, totalmente inediti e diversi da quelli che si erano espressi in un altro momento esistenziale. Se infatti il numero degli archetipi non è infinito, infinite sono le immagini che possono scaturire attraverso la funzione simbolica della mente, che si avvale di sogni, creazioni artistiche ed intuizioni.

Scrive Jung ne "L'uomo e i suoi simboli": "Ciò che noi chiamiamo simbolo è un termine, un nome o anche una rappresentazione che può essere familiare nella vita di tutti i giorni e che, tuttavia, possiede connotati specifici oltre al suo significato ovvio e convenzionale. Esso implica qualcosa di vago, di sconosciuto o di inaccessibile per noi. [...] Una parola o un'immagine è simbolica quando implica qualcosa che sta al di là del suo significato ovvio ed immediato. Quando la mente esplora il simbolo, viene portata a contatto con idee che stanno al di là delle capacità razionali". [5]

Indispensabile quindi per accedere a questo pozzo dell'inconscio collettivo, in cui sono andati a confluire pulsioni ed istinti dell'esperienza umana nei secoli, è saper leggere il simbolo (dal greco, sun-ballein: mettere insieme), l'unico che possa traghettare la mente dell'uomo verso dimensioni più sottili dell'esperienza, verso intuizioni spontanee che altrimenti non si genererebbero se l'approccio fosse soltanto razionale.

Si può ricordare che la funzione simbolica della mente è collegata all'emisfero destro del cervello, che elabora i contenuti connessi alla percezione delle emozioni e di ciò a cui rimandano i sensi. E' collegata alla fantasia, al sogno, alle attitudini artistiche e musicali, alla poesia, all'intuizione. Diversamente, l'emisfero sinistro elabora le connessioni logiche e verbali, attraverso la ragione, la parola e la linearità del pensiero.

Attraverso quella che Jung definiva *Funzione Trascendente*, ci si può avvalere del messaggio simbolico per collegare ed armonizzare le polarità o gli antagonismi della psiche, superare le contrapposizioni che esistono tra bisogni opposti ed aprire alla possibilità che collaborino tra loro.

E gli archetipi sono essi stessi dei simboli che, contenendo i contrari, si manifestano nella loro duplicità: maschile e femminile, materiale e spirituale, positivo e negativo, luce ed ombra, bene e male, inizio e fine e così via.

---

[5] C. G. Jung, L'uomo e i suoi simboli, Edizioni Tea, Milano 2004, pag. 5

Il principale archetipo junghiano è il "Sé" ed occupa il centro della psiche. Infatti, se l' "Io" è il riassunto della personalità cosciente, il "Sé" è l'insieme delle due parti; il "Sé" è l'impulso o la motivazione innata che spinge la persona a completarsi e realizzare sé stessa.

Gli altri archetipi che vi si dispongono intorno sono a due a due ed opposti tra di loro: "Maschile-Femminile"; "Nemico-Eroe"; "Morte-Rinascita".

Da questi modelli basilari prendono vita altri archetipi con caratteristiche più specifiche: il "Maschile" è rappresentato innanzitutto dall'archetipo del "Grande Padre", così come il "Femminile" da quello della "Grande Madre", che daranno poi vita a molteplici sotto-derivazioni. Basilari sono poi i due archetipi di "Animus" ed "Anima" e di "Luce" ed "Ombra".

L' "Animus" è un archetipo attivo che esprime la parte maschile della psiche, quella che ragiona, propone, agisce e lotta per conquistare ciò che vuole, (in Astrologia è rappresentato dal Sole e dai pianeti così detti maschili), così come l' "Anima" è un archetipo ricettivo, è la parte femminile della psiche, quella che vuole dipendere e creare legami affettivi, che vuole emozionarsi e relazionare (in Astrologia è rappresentata dalla Luna e dai pianeti così detti femminili).

E infine, l'archetipo "Luce" è la parte cosciente della psiche che contiene il riassunto delle qualità positive di cui l'individuo è consapevole e di cui potrà servirsi per raggiungere i suoi obiettivi, così come l'archetipo "Ombra" è il deposito dei contenuti inconsci, dei complessi e delle tematiche inferiori che sono stati negati nell'infanzia e che saliranno nel corso della vita alla coscienza per essere illuminati, elaborati e trasformati in positivo.

ANIMUS E ANIMA

"Per quanto in profondità l'intelletto si spinga
non potrà mai raggiungere
i confini dell'anima".
Eraclito

Carl G. Jung, nel teorizzare sui due archetipi del maschile e femminile "Animus" ed "Anima", dava loro una valenza compensatrice. Riteneva infatti che le caratteristiche non assimilate ai tratti esteriori della personalità, femminili nell'uomo e maschili nella donna, spingessero la psiche individuale a trovare una compensazione attraverso queste due opposte funzioni, che avevano così lo scopo di migliorare l'adattamento dell'individuo alla realtà esterna, ai suoi ideali coscienti e alle sue aspirazioni.

In particolar modo, l'Animus è la componente inconscia maschile della personalità della donna, un'immagine portatrice di luci ed ombre, che lei imparerà a conoscere di volta in volta, a seconda degli incontri che farà nella vita e che le rifletteranno una particolare dose d'energia maschile che ancora non conosce di sé e con cui vorrà entrare in contatto.

Allo stesso modo, l'Anima è la componente inconscia femminile della personalità dell'uomo, anch'essa portatrice di luci ed ombre; lui la incontrerà all'esterno nelle figure femminili della sua vita, fin quando non imparerà a viverla in prima persona, accettandola anche nelle sfumature più negative ed inquietanti. Per questo motivo i due archetipi sono anche esemplificativi del modello ideale di uomo e di donna, forgiati nell'infanzia sulle luci e le ombre paterne e materne, a cui l'uomo e la donna tenderanno e da cui saranno naturalmente attratti per esprimere e scambiare amore, ma anche per illuminare una parte della loro natura che altrimenti rimarrebbe inconscia.

Ai due archetipi, Jung assegnava un'ulteriore valenza perché collegava l'Animus al principio maschile di Logos, messo in relazione alla capacità che c'è nell'individuo di risolvere ogni situazione attraverso l'azione ragionata, il pensiero e la parola e l'Anima al principio femminile di Eros e quindi alla capacità di relazionare, di entrare in empatia e riconoscere il valore dei sentimenti, ma anche di saper cogliere il senso profondo e più spirituale dell'esistenza.

I due archetipi sono quindi basilari nella struttura della psiche, in particolare l'Anima veniva definita da Jung "l'archetipo della vita", perché è dall'Anima, strettamente collegata all'inconscio che dipende direttamente la possibilità di dare senso a tutto ciò che la ragione/Logos sceglie e di trovarvi la successiva soddisfazione. La funzione primaria dell'Anima, legata alla coscienza matriarcale, è di permettere il contatto con l'inconscio che resterebbe inaccessibile all'Io se si dovesse servire solo della coscienza razionale, che è esclusivamente patriarcale. Scrive a tal proposito il filosofo berlinese Erich Neumann nel suo "La psicologia del femminile": "Il contatto con l'inconscio si può ristabilire attraverso l'Anima, suo lato femminile e attraverso la realizzazione della coscienza matriarcale ad essa congiunta. La sintesi di una nuova conoscenza illuminata, frutto dell'unione tra maschile/Anima e il femminile/Animus è simbolo di completamento e fecondazione reciproca, ben rappresentati nella scrittura cinese con il segno Ming, ovvero fusione tra sole e luna". [6]

L'Anima junghiana quindi, non ha alcuna valenza collegata ai dogmi o alle confessioni religiose; l'Anima junghiana, il femminile transpersonale, è energia allo stato puro, non inquinata da alcun condizionamento esterno perché espressiva di quanto di più vivo, autentico e spontaneo c'è nella psiche. E' grazie all'Anima che possiamo entrare in contatto con la nostra ispirazione creativa, le nostre profondità emotive, le passioni intense e partecipare del flusso delle emozioni e delle percezioni, aprendo la porta ad un mondo immaginativo più sensibile ma, proprio per questo. più aderente alla totalità della realtà.

Sebbene Jung abbia sempre considerato l'Anima come requisito specifico dell'inconscio dell'uomo, si può comprendere come l'archetipo, se pur strettamente femminile, sia vivo e presente anche nella donna, già naturalmente portata ad incarnare le funzioni dell'Anima, perché in contatto stretto col principio di Eros.

E' per questo che "il problema dell'Anima individuale" è stato poi ripreso, ripensato e messo a fuoco dai filosofi neojunghiani come Murray

---

[6] E. Neumann, La Luna e la coscienza patriarcale, in La psicologia del femminile, Astrolabio Ubaldini, Roma 1976

Stein e ancor più James Hillman.

E' a loro che si deve la precisazione per cui l'Anima è presente tanto nell'uomo che nella donna e di come proprio alla donna sia affidato il compito di custodire e mantenere sacro il suo valore, facendo da "ponte" all'uomo perché egli impari a dialogare con la propria parte femminile senza servirsi della proiezione, impari a nutrirla in prima persona, a non lasciarla morire. E' l'Anima che spinge l'uomo verso la conoscenza della sua totalità, è l'Anima che gli infonde coraggio, così come nei miti e nelle fiabe è l'Anima/Principessa che si aspetta il tutto e per tutto dall'eroe che la deve liberare, s'aspetta che sia intelligente, coraggioso, capace di vincere sulle forze più oscure, di battersi con il magico e l'invincibile, perché la ricompensa sarà quella parte di sé che ha negato, la parte femminile, la culla della sua sensibilità.

Di contro, la donna non può sottrarsi da questo percorso, dal battersi altrettanto coraggiosamente per trovare, coltivare e difendere le qualità della sua Anima, radice del suo stesso "essere donna".

Scrive infatti James Hillman, nel suo "Anima": "Ma la psiche, il senso dell'anima non è data alla donna solo perché è nata femmina. Essa non ha un'anima già congenitamente salva e non è quindi privilegiata in questo rispetto all'uomo, che sul destino dell'anima deve arrovellarsi per tutta la vita. Come l'uomo, non è esonerata dal compito di coltivare l'anima; trascurare l'anima per lo spirito è per la donna non meno biasimevole dal punto di vista psicologico di quanto lo sia per l'uomo, al quale la psicologia analitica non si stanca di predicare il sacrificio dell'intelletto, della Persona e dell'estroversione a favore dell'Anima. [...] L'assenza per definitionem dell'Anima nella donna equivale alla deprivazione di un principio cosmico."[7]

Interessandomi di Astrologia, non ho potuto che condividere in pieno l'intuizione di James Hillman: così come il Sole astrologico simboleggia il riassunto delle qualità prettamente maschili dell'Animus, collegate alla forza, alla volontà d'azione e alla razionalità, simboleggia il progetto cosciente dell'Io e la sua espressione nel mondo, altrettanto la Luna simboleggia il riassunto delle qualità squisitamente femminili, collegate a qualità inconsce, istintive e percettive; tanto quanto il Sole ragiona, agisce, conquista, altrettanto la Luna sente, si emoziona, partecipa.

Dalla giusta integrazione di questi archetipi, maschile/femminile,

---

[7] J. Hillman, Anima. Anatomia di una nozione personificata, Adelphi, Milano 1989

Animus/Anima, Sole/Luna e di tutti gli altri archetipi che scindono la psiche, dipende la possibilità di condurre in pienezza la propria vita, riconoscendo il valore del pensiero, della logica e della ragione, senza dover rinunciare per questo alla ricchezza del mondo emotivo e all'espressione dei sentimenti.

Infatti, quando il principio maschile e quello femminile non s'incontrano per integrarsi tra loro, l'uno prevarrà sull'altro e di conseguenza anche sulle scelte che condizioneranno l'intera esistenza.

Fintanto che uomo e donna continueranno a proiettare il principio non integrato fuori di sé, rinunciando a viverlo in prima persona per timore di non poterlo padroneggiare, non saranno in grado di darsi valore e importanza, perché ancora troppo distanti dal riconoscere il bene indispensabile del valore dell'altro.

L'Animus nella donna.

L'Animus e l'Anima, così come già espresso, sono entità psichiche arcaiche e innate, che entrano in azione indipendentemente dalla volontà personale per permettere un ampliamento della coscienza e, soprattutto per la donna, per darle la possibilità di entrare in contatto con la parte maschile della sua personalità.

L'Animus, come tutti gli archetipi, avrà una componente collettiva che riassume l'esperienza del femminile col maschile espressa lungo il corso della storia ed una componente individuale, che si è strutturata nell'Io nascente della donna attraverso la relazione con le figure maschili del suo habitat più ristretto. Il Padre, il Salvatore, il Guerriero, il Briccone, il Puer, l'Eroe e il Santo sono aspetti dell'Animus della donna, più che delle tipologie di uomini con cui relazionerà e dalle quali sarà attratta per illuminare spicchi della sua natura inconscia, che altrimenti resterebbero oscuri.

L'Animus è "l'uomo inconscio dentro di lei", portatore di luci ed ombre, che lei imparerà a distinguere di volta in volta, a seconda degli incontri che farà nella vita e che le rifletteranno una particolare dose d'energia maschile con cui vorrà entrare in contatto.

Così, se, in un primo momento ed almeno fino ai trent'anni la donna sarà portata a vivere l'Animus attraverso la proiezione delle sue caratteristiche solari ed attive sul padre e le figure maschili della sua vita,

18

gradualmente e grazie alla naturale tendenza della psiche ad andare verso la completezza, la donna riuscirà a distinguere quanto dell'Animus proiettato le appartiene, e cioè quanto vorrà confermare perché risponde a caratteristiche attive a cui non intende rinunciare e quanto dovrà modificare perché non in linea con la totalità della parte maschile rivelata. Attraverso la caduta della proiezione di parti proprie sulle figure maschili esterne, la donna potrà conoscersi meglio e finalmente agire in libertà, senza dover rispondere ad un'immagine di sé incompleta, illusoria e fuorviante.

Il momento della caduta di ciò che è stato proiettato sull'uomo, le aspettative inconsce e le pretese collegate a schemi ed interpretazioni mentali che affondano le loro radici in un tempo precocissimo, la presa di coscienza che l'immagine ideale del maschile presente nella psiche è molto diversa da ciò che si rivela essere l'uomo nella realtà, grazie al graduale emergere dell'ombra dell'archetipo del quale nei primi tempi della relazione si era colta soltanto la luce, è sicuramente un momento di grande delusione per la donna, una ferita per tutto ciò che è stato cullato ed accarezzato per molto tempo nelle proprie idealizzazioni, ma è anche ciò che segna una svolta nel suo percorso d'individuazione, nella possibilità di conoscere fino in fondo sfumature della sua natura maschile che non avrebbero potuto rivelarsi se non dal contatto con l'uomo, che si sarebbero perdute e l'avrebbero anche spinta a rimettere in scena modelli relazionali automatici, senza riuscire ad interromperne la catena.

A questo proposito, l'Astrologia umanistica potrebbe rivelarsi come un'utile guida non solo per confermare le parti coscienti della personalità che la donna ha riconosciuto come proprie e che agisce in prima persona, ma soprattutto rivelare quelle inconsce, di cui non ha consapevolezza e che trattengono dentro di sé una notevole quantità di energia creativa inespressa.

Infatti, l'inconscio non è soltanto un deposito inutile di contenuti psichici scomodi e rimossi, ma anche forziere di tutte le potenzialità non sfruttate che, una volta trasformate ed illuminate, sono a disposizione dell'Io per esprimere l'energia che vi è imprigionata e che si renderà fruibile soltanto dopo lo sblocco.

L'ASTROLOGIA UMANISTICA

I PIANETI COME ARCHETIPI

"Nessuno può rivelarvi nulla se non ciò che già si trova in stato di dormiveglia nell'albeggiare della coscienza".

K. *Gibran*

L'Astrologia umanistica si differenzia da quella tradizionale non solo perché si rifà direttamente alla filosofia junghiana e al suo "percorso d'individuazione dell'Io", ma anche per la possibilità di rintracciare nei simboli planetari gli Archetipi dell'inconscio collettivo, attraverso i quali l'individuo ha la possibilità di conoscere le risorse energetiche di cui dispone e servirsene adeguatamente nell'esperienza di vita. Questo perché l'Astrologia è innanzitutto "simbolo" e i pianeti che ritroviamo nel cielo sono essi stessi Archetipi, modelli comportamentali innati, che spingono l'individuo a realizzare ciò che in potenza è già alla nascita. Infatti, la carta astrale non rivela ciò che l'individuo è, quanto ciò che vorrà diventare. Gli archetipi astrologici daranno quindi una coloritura particolare alla persona definendola nel suo Animus (i pianeti ad energia maschile) e nella sua Anima (i pianeti ad energia femminile), dall'espressione dei quali deriverà il divenire stesso della persona, nonché il senso di maggiore o minore soddisfazione che proverà nel corso della sua vita.

Così, il Sole simboleggerà la parte maschile della personalità, attiva, razionale e vitale, allo stesso modo in cui il sole rappresenta il motore della vita nell'Universo, mentre la Luna simboleggerà la parte femminile inconscia, nonché il mondo dell'istinto e delle emozioni; Mercurio sarà espressivo del bagaglio intellettivo che la persona possiede e del modo di scambiare con gli altri; Marte e Venere infine simboleggeranno la spinta a realizzare e conquistare ciò che è stato individuato come valore personale, specifico e soprattutto distinto dai valori collettivi.

Accanto ai pianeti veloci, definiti "personali" in Astrologia, altrettanto fondamentali saranno i pianeti cosiddetti "semi lenti", che esprimono ciò che la persona persegue per la sua crescita ed emancipazione (Giove) e ciò che la riconduce al senso di realtà e al limite terreno (Saturno). Infine, i pianeti così detti "lenti" o "trans-personali" inquadreranno il suo operato in un discorso interpersonale, perché lei possa raccogliere il bisogno di cambiamento individuale e d'evoluzione collettiva (Urano), perché possa inserire nella sua vita un ideale spirituale e di compassione universale (Nettuno) e infine perché possa analizzare l'uso del potere personale, nonchè accettare i cicli della vita nel loro alternarsi di morte e rinascita (Plutone).

L'Astrologia come mappa dell'anima.

"E il mio amico disse: "Guardalo, è l'uomo più saggio della nostra terra".
Lasciai allora il mio amico e mi accostai al cieco e lo salutai.
E ci mettemmo a conversare.
Dopo un pò dissi: "Perdona la mia domanda, da quanto tempo sei cieco?".
"Dalla nascita", rispose lui.
Dissi io: "E quale via di conoscenza segui?".
Disse: "Sono un astronomo", posò la mano sul suo petto, dicendo:
"Guardo qui dentro tanti soli, tante lune e tante stelle".

Queste parole del grande filosofo e poeta libanese Kahlil Gibran (Jibrān Khalīl Jibrān, Bsharri 1883 - 1931) compendiano in maniera perfetta il modo in cui l'Astrologia umanistica e psicologica guarda allo straordinario corredo di simboli e modelli psicologici, che va molto al di là dell'unico messaggio predittivo che la tradizione storica assegna a quest'Arte.

L'Astrologia infatti è un'Arte o meglio, una scienza umana perché, sebbene molto distante dalle scienze così dette esatte, propone una lettura dinamica, strettamente legata al cammino evolutivo e collettivo della coscienza umana e lo fa partendo dal calcolo in gradi delle orbite planetarie e cioè dagli scambi che i pianeti fanno tra di loro al momento della nascita e che riflettono, mai condizionano, il potenziale energetico che avrà a disposizione il nativo per compiere sé stesso. Attraverso l'esame del Segno Solare, che può dare già ottime informazioni generiche e collettive, si può ottenere un'analisi più dettagliata e personalizzata proprio analizzando tutti gli altri pianeti, in che Segno transitavano al momento della nascita e che tipo di scambi facevano tra loro e con quel Sole, riuscendo così ad ottenere un profilo astrologico e psicologico, la carta astrale, abbastanza preciso.

Infatti, ritengo sia impossibile interpretare una carta astrale in maniera assoluta; ci sarà sempre quella variabile, quella particolare condizione in cui si trova la persona in quel momento della sua vita a garantire la possibilità di utilizzare la carica energetica di cui dispone fin dalla nascita in maniera personale, anche del tutto innovativa rispetto alla modalità che la tradizione astrologica assegna ad un particolare aspetto planetario, una modalità che non può essere fissa ma in linea con il divenire stesso della persona, con il grado d'evoluzione raggiunto e soprattutto col progetto spirituale che la sua anima intende realizzare, per avanzare sulla strada evolutiva. Ma anche in linea con "l'aria dei tempi" e cioè con quello che l'umanità intera sta sperimentando a livello cosciente ed inconscio sul piano collettivo e che sente risvegliarsi dentro di sé per allinearsi al grande progetto universale che unisce il Creato ad ogni creatura, naturalmente spinta e bisognosa di ricongiungersi con la Fonte Creativa.

Partendo da questo assunto, è chiaro che l'uomo non è più la vittima di un destino beffardo che gli concede gioie e dolori a capriccio, ma l'artefice stesso del suo destino; è lui che, attraverso la completa conoscenza di sé stesso, delle sue qualità così come dei suoi limiti, della sua parte cosciente come di quella inconscia, può costruire il suo futuro proprio a seconda di come si porrà e che atteggiamento avrà nei confronti di quello che la vita, ma anche il suo stesso inconscio, gli metteranno davanti. Secondo l'Astrologia umanistica infatti, niente è per caso, ma è tutto inserito in un discorso più ampio d'evoluzione della coscienza umana, in cui saranno proprio gli incontri e le esperienze che faremo a fornirci gli strumenti per compiere questo percorso di approfondimento, rafforzando le nostre qualità e modificando ciò che deve essere modificato, perché solo di impedimento all'individuazione.

E' questo, a mio avviso, l'aiuto che può fornire l'Astrologia: individuare di che stoffa è fatta la persona, illuminare i suoi desideri più profondi, le sue speranze, i suoi sogni, quello che muoverà le scelte per realizzare sé stessa a livello cosciente e ciò che può ancora giacere nel fondo del suo inconscio, ma non potrà dirci con esattezza né come la persona reagirà a questo potenziale interno, né come intenderà usarlo, visto che questo è strettamente collegato al libero arbitrio di ogni individuo, al suo mistero e al mistero della vita stessa.

Scrive l'astro-psicologa junghiana Liz Greene nel suo "La relazione interpersonale": "Vivere pienamente il potenziale del Sole è il viaggio di tutta la vita. Così possiamo dire che il vostro segno non vi "fa" niente in particolare; piuttosto simboleggia quelle energie, quel mito particolare di cui state cercando d'imparare a divenire consci e ad esprimerlo in modo creativo. [...] Vivere attraverso e oltre l'oroscopo di nascita è compito dell'individuo che, per quanto riguarda la coscienza che egli sviluppa, non è legato alla sua mappa astrologica". [8]

[8] L. Greene, La relazione interpersonale, Astrolabio Ubaldini, Roma 1989, pag. 32

GLI ARCHETIPI PSICOLOGICI

LA GRANDE MADRE

"Le cime rocciose, la linfa dei prati,
il corpo caldo del cavallo e l'uomo tutto
appartiene alla stessa famiglia,
tutte le cose hanno lo stesso respiro.
Insegnate ai vostri figli che la terra è nostra madre.
Qualsiasi cosa accade alla terra, accade a noi stessi".

Documento pellerossa, 1854

Come già esposto, dai due archetipi primari Animus e Anima, si diramano tutta una serie di altri modelli di cui certamente, per quanto riguarda gli archetipi del femminile, il più importante è quello della Grande Madre che si rifà direttamente alla tipologia delle Dee Madri dell'antichità, quando il patriarcato non aveva ancora intaccato o messo in ombra il valore del femminile, che veniva considerato sacro ed onnipotente.

Proprio questa specificità delle grandi dee del passato, maestose e potenti nel loro essere apportatrici di vita così come di morte, suggeriva a Jung la possibilità di vedere nell'archetipo sia il suo valore luce, basato soprattutto sulla capacità di far nascere, nutrire e custodire la vita, sia quello ombra, dal forte lato distruttivo, capace di sottrarre energia e vita anziché garantirla ad ogni costo. D'altra parte, l'uomo primitivo guardava alla divinità nei suoi molti aspetti positivi e negativi, vedendola nella sua totalità e non esprimendo giudizi di valore su bene e male, sui quali ha poi fondato il suo potere il patriarcato.

Lo studioso che ha messo a fuoco e sviscerato nei suoi molteplici aspetti l'archetipo della Grande Madre è il già citato filosofo Erich Neumann nel suo "La Grande Madre". [9]

---

[9] E. Neumann, La Grande Madre, Fenomenologia delle configurazioni femminili dell'inconscio, Astrolabio Ubaldini, Roma, 1981

Anche lui dava all'archetipo un valore duplice, distinguendo nel femminile due caratteri, quello "elementare" che spinge a conservare ciò che è stato generato e creato, col rischio però di assumere un valore castrante e profondamente distruttivo nei confronti delle stesse creature e quello "trasformatore" che, promuovendo il cambiamento, può ostacolare la stagnazione e produrre illuminazione.

Questa duplice potenzialità è l'essenza stessa del femminile.

Infatti, se nella sua forma luce, l'archetipo è riassuntivo della totalità del femminile e della sua capacità di esprimere una completa integrità; se è l'espressione più bella del senso materno e della capacità di nutrire, proteggere ed amare le proprie creature attraverso l'accoglienza e l'accettazione incondizionata del loro essere, attraverso l' "amarle per come sono" senza pretendere che diventino "altro", il suo lato ombra è oscuro e terrificante, è quello che genera maggiore angoscia ed inquietudine, quello che sottrae tranquillità, anziché aggiungere sostegno e comprensione. Infatti, nel suo lato inferiore, l'archetipo si fa bloccante e castrante di una individualità a cui viene impedito di esprimersi in autonomia, di scegliere cosa fare della propria vita, quando solo lo scegliere in prima persona può insegnare a prendersi la responsabilità, nel bene e nel male, delle scelte fatte.

Che il suo carattere benefico possa essere riconosciuto e valorizzato dipende esclusivamente dal riconoscimento ed accettazione dell'altro carattere, quello elementare ed oscuro, che illuminato dall'azione raziocinante e discriminante dell'Io, può essere visualizzato, integrato e trasformato in positivo.

Se invece l'archetipo non si compie e viene mantenuto in uno stato inconscio indifferenziato può rappresentare un ostacolo fortissimo alla realizzazione personale, all'emancipazione psicologica perché impedisce che gli opposti Madre Buona/Madre Cattiva riescano ad essere visualizzati e riuniti in una forma non più bipolare, ma integrata: Madre Buona e Madre Cattiva. E' solo il contatto con entrambi le dimensioni e l'accettazione dei valori sia positivi che negativi che l'archetipo racchiude in sé che si può giungere ad una posizione che va oltre l'archetipo, si può prendere potere su di lui e quindi riconciliare tra di loro anche tutti gli opposti e le polarità che vi si trovano all'interno.

Diversamente, l'archetipo continuerà ad essere scisso, a conservare il suo carattere elementare arcaico e si potrà materializzare nelle diverse immagini ancestrali, angoscianti e terribili, come quelle che ci ha lasciato la letteratura: le streghe, le Gorgoni, le Arpie e tutte quelle figure terrificanti di cui è ricco il mito di ogni gente e paese.

Se invece prevarrà il lato luce dell'archetipo, con la produzione di immagini più accoglienti e materne, l'Io dovrà lottare per impossessarsi del lato rimasto in ombra per ricomporre la duplicità e poi trasformarla, attraverso l'integrazione, in positivo.

Si tratta di una guerra aspra e difficile, in cui la coscienza dovrà rinunciare a quello stadio di fusione e identificazione collettiva definito da Jung "partecipation mistique" che, se da una parte può dare l'illusione all'Io di poter rimanere in una dimensione beata di sicurezza e contenimento emotivo, dall'altro è l'unico grande ostacolo alla sua emancipazione psicologica, alla sua crescita e al passaggio da uno stato infantile alla vera maturità.

La lotta dell'Io contro il lato numinoso, terrificante della Grande Madre è simboleggiato dalla lotta che l'eroe mitologico fa con il drago, immerso in una palude melmosa, o da scovare all'interno di un bosco, immagini potenti e dal forte grado evocativo che simboleggiano il momento della "chiamata dell'eroe" in cui lui sarà inevitabilmente spinto grazie ad un atto di coraggio, a rompere qualsiasi schema illusorio ed infantile della psiche per riappropriarsi del suo lato istintuale, gravido e fecondo, così come vuole il carattere trasformante del femminile, il lato benefico e fertile della Grande Madre.

Anche se gli effetti sulla psiche femminile saranno diversi da quelli che riguarderanno quella maschile, l'incontro/scontro con la Grande Madre è un passaggio iniziatico obbligatorio che riguarda ogni individuo, riguarda la possibilità che ha di distaccarsi da modelli collettivi e coattivi che dominano la psiche per scegliere la sua strada, la sua realizzazione, il suo mito personale.

GLI ARCHETIPI MITOLOGICI
LE DEE GRECHE

"O Grande dea dalle dita di arcobaleno,
il tuo volto impregna tutto l'Universo.
Tu Est, tu Sud, tu Nord, tu Ovest,
tu fonte di luce che genera l'Uno.
Da te tutto procede e in te ritorna.
Dal tuo ventre zampilla l'acqua
che spegne ogni sete".

(da "Inno alla Dea" di Francesca Diano)

Secondo la filosofia junghiana, una guida che possa promuovere e favorire l'individuazione femminile la forniscono i modelli archetipici rappresentati dalle sette dee della mitologia greca, che diventano lo specchio di bisogni specifici della psicologia della donna, non solo per indagare sui suoi potenziali e conoscersi nella sua interezza, ma soprattutto per differenziarsi da modelli collettivi, nei quali sarà portata ad identificarsi come primo atto indispensabile alla sua individuazione, per poi differenziarsene a seconda della sua natura e del bisogno di completezza a cui tende la specificità della sua psiche.

Secondo questa intuizione, la donna si riterrà individuata soltanto dopo l'incontro con quanto simboleggiato dagli archetipi collegati a queste dee, proprio attraverso il riconoscimento che lei saprà fare "della dea giusta a cui rivolgersi" per esprimere al meglio sé stessa, in quel momento specifico dell'esperienza che la vita le propone e che difficilmente potrà risolvere col solo uso del sapere, della forza mentale o della semplice volontà.

Una perfetta analisi delle caratteristiche psicologiche che si possono trovare nelle sette dee della mitologia greca è stata fatta dall'analista junghiana e studiosa di miti Jean Shinoda Bolen nel suo "Le dee dentro la donna"; la studiosa le divide infatti in due categorie: quella delle così dette "dee Vulnerate": Era, la moglie; Demetra, la madre e Kore, la fanciulla/figlia e quella delle così dette "dee Vergini": Athena, dea della guerra e della saggezza, Artemide, dea della caccia e della luna crescente ed Hestia, la dea dei templi e del fuoco.[10]

Tenendo presente che i modelli interiori sono inconsci e collegati a specifici bisogni della psiche che non conoscono tempo, ma si attivano a seconda dell'intenzione inconscia di scoprire parti nuove di sé, al di là dei canoni e convenzioni imposte dalla mentalità collettiva, ogni donna potrà privilegiare l'espressione di un archetipo rispetto ad un altro indipendentemente dall'età, ma solo perché naturalmente in linea con ciò che sente di voler realizzare in quel momento della sua esistenza, nonché con le tematiche collettive ed espressive dell' "aria dei tempi".

Così, se il modello collettivo "Artemide", collegato all'espressione attiva di sé, sarà vissuto soprattutto durante la giovinezza quando la donna avrà bisogno di affermarsi come persona di valore nel mondo che lavora e produce, a livello personale lo stesso modello potrebbe attivarsi anche in tarda età, per esempio in una donna che si è sempre e soltanto curata della famiglia e che non esiterà a risvegliare "l'Artemide" che c'è dentro di lei per scoprire nuove dimensioni della sua natura, capaci di darle quella soddisfazione e pienezza che erano state accantonate e non espresse nell'età giovanile.

La sua "Artemide" interiore la guiderà verso mete più sociali e non ristrette al solo mondo familiare, le darà la forza di rinunciare a tutto ciò che non sia strettamente legato alla sua emancipazione e potrà scoprire un potenziale che non supponeva minimamente di avere dentro di sè, che concorrerà a farle raggiungere una maggiore maturità e soprattutto una più completa conoscenza di sé stessa.

Allo stesso modo, il modello "Demetra", che si attiva di solito attorno ai venticinque, trent'anni, per permettere alla donna di incontrarsi con la sua capacità di dare la vita, nutrire ed amare le sue creature, potrebbe essere espresso anche in un'età che deroga dal modello collettivo, oppure non esprimersi affatto nel senso più classico della parola e cioè con la nascita di un figlio, ma semplicemente come capacità di "essere madre" di un progetto personale, di un ideale da concretizzare, di un qualcosa che possa arricchire la donna emotivamente e psicologicamente, facendole toccare con mano la forza del suo potenziale creativo, al di là dell'essere o meno la madre biologica di un figlio.

---

[10] J. S. Bolen, Le dee dentro la donna, Astrolabio Ubaldini, Roma 1991

Le età in cui si attivano gli archetipi infatti sono sempre meno fisse, ma piuttosto legate al cammino evolutivo storico della donna, alle conquiste del mondo femminile, senza preclusioni di sorta e soprattutto senza i veti del pensiero convenzionale.

Un discorso a parte viene fatto per Afrodite, la dea dell'Amore e della Bellezza, che la Bolen definisce "dea alchemica", perché il suo modello, così come è naturale si viva nell'età della giovinezza, potrebbe comunque attivarsi in tutte quelle fasi della vita in cui la donna voglia entrare in contatto col suo potenziale femminile, col suo stesso "essere donna" e non solo in relazione ad un ruolo come quello di figlia, di sposa, di madre o di donna che lavora.

L'Archetipo "Afrodite" è la mediazione che la donna può trovare in sé stessa tra le due categorie, perché la porterà a fare delle scelte indipendenti ed espressive della sua scala di valori, che sarà personale e non solo condizionata dalle esigenze o modelli esterni di comportamento, come vuole la prima fase del viaggio d'individuazione e che deve essere superata per esprimere la propria specificità.

LE DEE VERGINI

"Coloro che non appartengono ad altri che a sé stessi
non possono mai essere abbandonati".
David Leavitt

Approfondiamo adesso la distinzione tra "Vulnerate" e "Vergini" in cui sono distinte le dee greche, chiarendo che nella psicologia mitica junghiana il termine "vergine" non è certamente collegato alla sessualità, ma ad uno stato psicologico di maggiore o minore integrità interiore, tale che corpo, mente ed anima della donna possano mantenersi liberi o meno da qualsiasi dipendenza psicologica ed emotiva, in modo da garantire alla donna la capacità di affrontare qualsiasi scelta innanzitutto nel rispetto di sé stessa, dei suoi veri valori e della sua totalità.

In particolar modo, le "dee Vulnerate" erano tutte e tre dipendenti da specifici bisogni o meglio da ruoli: Hera, la Giunone dei Romani, era dipendente dal suo bisogno di "essere la moglie" di Zeus, ma anche dal ruolo che la designava "Regina di tutti gli dei"; Demetra, la Cerere dei Romani, era dipendente dal suo bisogno di "essere madre" e di dedicarsi alla figlia Kore, alla cura della natura ed agli impegni che questo ruolo le procurava e Kore/Persefone, la Proserpina dei Romani, era dipendente dal suo "essere figlia" e quindi in un ruolo che le permetteva di continuare a condurre una vita spensierata e serena, perché era la madre ad occuparsi di ogni cosa e a scegliere per lei.

Jung dedicò particolare attenzione all'analisi del potere che esercita un determinato ruolo sull'individuo nel distrarlo dalla conquista della conoscenza e comprensione di sé, rallentando in tal modo la sua individuazione.

"Persona" è un termine tratto dal latino, significa "maschera" e veniva usata nelle commedie per indicare immediatamente il ruolo che l'attore avrebbe interpretato. Nella psicologia junghiana il termine sta indicare un segmento dell'inconscio collettivo, una maschera che simula l'individualità; è quindi la modalità con cui ci si mostra agli altri, ciò che si vuole legare all'immagine personale, ma anche quello che si pensa che gli altri pretendano da noi, per garantirci accettazione e integrazione.

Scrive Jung in "La psicologia dell'inconscio": 'Solo per il fatto che la "persona" è un frammento più o meno arbitrario e casuale della psiche collettiva, possiamo cadere nell'errore di considerarla come un elemento individuale. Essa, come vuole il suo stesso nome, altro non è che una maschera che simula un'individualità, facendo credere agli altri e a sé di essere un individuo, mentre invece si tratta della recitazione di una parte attraverso la quale si esprime la psiche collettiva". [11]

Il ruolo sociale rafforza sicuramente la "Persona", perché può rassicurare l'individuo di fronte al giudizio del collettivo, dà senso al suo operato e gli permette di trovare sempre un punto fermo a cui tornare, la sua immagine nel mondo. Il ruolo è qualcosa che lui conosce, che interpreta bene, che lo fa star bene perché non solo sazia il suo bisogno di vedersi integrato nella società in cui vive, ma gli permette di trarre forza dall'opinione che la società stessa riconosce al suo operare. Se però il ruolo finisce per fagocitare tutta la personalità, se costringe l'individuo in un'unica identificazione, come se avesse un unico "vestito da indossare", nonostante i molti racchiusi nel suo "armadio" personale, ci può essere via via un senso di soffocamento, d'imprigionamento in un modo d'interpretare sé stessi che mortifica le infinite potenzialità dell'essere umano.

Il ruolo imposto a sé stessi può a quel punto rappresentare una minaccia alla libera espressione di sé, un impedimento ad interpretare sé stessi in maniera innovativa e soprattutto in linea con i suggerimenti che la vita offre e suggerisce di volta in volta. Il ruolo nega il divenire della persona, costringendola a dare di sé un'interpretazione fissa che, a prima vista, può anche rassicurarla e tranquillizzarla perché rispecchia l'immagine interiore in cui si è identificata, ma che in realtà le impedisce di esprimersi in pienezza e libertà.

Scrive Aldo Carotenuto, psicoanalista junghiano, membro della American Psychological Association nel suo "Integrazione della personalità": "Il processo di trasformazione interiore è un'impresa molto ardua e sono pochi coloro che accettano di sopportarne il peso. Molto più spesso accade che si operi un adattamento falsato alle proprie richieste interne, che si assuma la fittizia costruzione di un ruolo che permette di

---

[11] C. G. Jung, La psicologia dell'inconscio, GT Newton, Roma, 1989, pag. 116

procedere in un'esistenza che va avanti quasi per inerzia e che risponde solo alle aspettative che altri hanno formulato per noi". [12]

Tutte e tre le dee "Vulnerate", furono per gli antichi un modello di come il ruolo debba essere ridimensionato e ricondotto nei giusti confini, per le storie di sacrificio, rinuncia e perdita che caratterizzano il loro mito: Hera perché fu ripetutamente tradita dal marito Zeus, sempre in cerca di nuove avventure erotiche, Demetra e Persefone perché furono separate l'una dall'altra in una maniera tanto drammatica quanto improvvisa, che avrebbe cambiato per sempre il loro destino.

A cominciare da Athena, "dea Vergine", approfondiamo dunque il mito delle sette dee, delle quali verrà fatto anche un rimando a livello astrologico, per riconoscerne il valore simbolico da assegnare ad ognuna di loro, sia nella parte luce dell'archetipo che in quella ombra, tenendo presente che si tratta di stati specifici dell'essere che possono coinvolgere ed influenzare fortemente anche la mente dell'uomo, che in un primo tempo sarà portato a viverli di riflesso attraverso la proiezione sulle figure femminili della sua vita, fin quando non li riconoscerà in sé stesso e vorrà esprimerli come parti creative della sua natura, agendoli in prima persona.

---

[12] A. Carotenuto, Integrazione della personalità, Bompiani 2007, pag. 152

L'ARCHETIPO ATHENA

"Comincerò a cantare Pallade Athena,
gloriosa dea che azzurro ha il ciglio,
saggia la mente, inflessibile il cuore.
Intatta è, veneranda, gagliarda e le rocche protegge.
A Trito nacque, e Giove medesimo
la luce le diede
dal suo capo venerabile, già vestita dell'armi di guerra lucide,
tutte d'oro".

(Omero, da "Inno ad Athena")

Tra le dee "Vergini", Athena, la dea della saggezza e della ragione, ma anche della guerra, dei mestieri e della tessitura, è un archetipo fondamentale della psiche femminile, perché preposto all'integrazione tra due bisogni opposti molto forti e mal conciliabili: quello di esprimersi con grande capacità mentale ed intellettiva e nello stesso tempo non perdere la propria capacità emotiva, riuscendo a dare lo stesso riconoscimento all'espressione autentica dei sentimenti e dei bisogni del cuore.

Dal punto di vista astrologico, l'archetipo si può avvicinare al binomio che vede il pianeta della razionalità, Saturno, in contatto con quello che presiede alle emozioni, Luna, ma è possibile trovare quest'archetipo anche nella Luna posta in Capricorno, o nel decimo settore dell'oroscopo.

La mancanza di madre.

Athena, nata direttamente dalla testa di Zeus, con elmo, lancia, scudo e corazza, è il simbolo di un femminile guerriero che porta avanti un messaggio d'indipendenza e d'autonomia, non concedendo quasi nulla al sentimento e al mondo delle emozioni.

L'egida che troviamo nell'iconografia che la riguarda e cioè la sacca di pelle di capra contenente una serpe, fa di lei una dea combattiva e diffidente, così come può esserlo a livello psicologico chi ha dovuto difendersi da precoci emozioni negative.

Il mito ci ricorda come la dea Athena avesse un rapporto particolare col mondo maschile, prediligendo gli eroi, mentre disprezzava il mondo femminile, di cui non tollerava la fragilità e l'inerzia. Era quindi molto più in contatto col suo Animus maschile che con l'Anima femminile, molto più "Sole" che "Luna".

Il fatto che la dea non avesse conosciuto né madre né infanzia e quindi simbolicamente che non avesse coltivato dentro di sé quella sfera d'accoglienza e nutrimento che si sperimenta da bambini attraverso il contatto con l'amore materno, che è preposto a formare l'Eros, ma soprattutto che fosse nata già vestita ed armata di tutto punto direttamente dalla testa di Zeus, simboleggia sia le poche concessioni che la donna Athena fa al mondo dei sentimenti o alla sfera emotiva, sia l'imprescindibile bisogno di risolvere ogni aspetto dell'esperienza col ragionamento, con la logica e con l'espressione della propria volontà, anche se va contro i bisogni del cuore.

Athena è la dea "impenetrabile": tanto quanto le "dee Vulnerate" si rendevano feribili perché mosse dal bisogno di intrattenere relazioni intense e partecipate, altrettanto Athena rimaneva fredda nella sua olimpicità, in un distacco ragionato che le permetteva di gestire ogni situazione, attraverso la logica ed il controllo dell'impulso vitale.

La lancia che tiene in mano e gli altri attributi di lotta simboleggiano il suo animo guerriero, penetrante ed acuto, nonché la capacità di potersi servire della mente brillante e altamente organizzata per escogitare strategie d'attacco e di difesa, con l'unico importante scopo di evitare la sconfitta e il fallimento.

E' per questo che la donna che si sia identificata soprattutto in questo modello divino si porge in maniera tale da scoraggiare ogni scambio affettivo ed emotivo col mondo esterno: tutto viene valutato e risolto da lei all'interno della sua "testa", come se fosse un filtro capace di setacciare tutto ciò che può indurre sofferenza, o l'incontro con una profondità emotiva che lei non vuole sondare. Solo così può restare "Vergine" e incontaminata dal desiderio e dalla dipendenza che può comportare il sentire, il partecipare, l'entrare in contatto stretto con gli altri, il "com-patire".

La verginità di cui parla la psicologia mitica quindi, in contrasto con la vulnerabilità, è sinonimo della volontà della donna che abbia aderito a questo modello divino di mantenere uno stato di purezza, di rispetto della stato originario iniziale, al punto da "non farsi toccare dentro", nella parte più intima di sé, perché timorosa di perdere la sua tranquillità emotiva, che potrebbe essere messa a rischio da una relazione coinvolgente, perché solo una relazione coinvolgente può far esporre il fianco alla sofferenza e alla perdita.

E la donna Athena, che non abbia ancora completamente evoluto quest'archetipo divino, teme soprattutto la sconfitta, perchè sarebbe troppo doloroso per lei riconoscere la sua vulnerabilità, potrebbe precipitare di nuovo in una condizione di ferimento che è stata sicuramente sperimentata nell'infanzia quando era vulnerabile, bisognosa e dipendente dal potere di qualcun'altro, tanto da rifuggire nell'età adulta le esperienze che semplicemente balenino, o facciano ipotizzare una tale eventualità.

Come già espresso, la psicologia junghiana dà un'importanza fondamentale al vissuto infantile, a tal punto da affermare che tutta la struttura razionale della persona adulta poggia su sensazioni ed emozioni che sono state sperimentate nell'infanzia e che la psiche tenderà a riproporre automaticamente proprio per permettere alla persona di venire a capo di ciò che non è stato ancora compreso e che dovrebbe essere illuminato, per essere migliorato e padroneggiato. E la donna Athena ha avuto un'infanzia in cui ha dovuto fare soprattutto da sola. Se c'era appoggio, lo aveva dal padre più che dalla madre, che era assente o le rifletteva un modello femminile che condannava ogni fragilità, che vedeva nel principio di Eros una debolezza e un impedimento a raggiungere gli stessi obiettivi che erano prerogativa del Logos e del mondo maschile.

Fin da piccola, la bambina Athena è fattiva, responsabile e capace di fare da sola in ogni problema pratico della vita, ma via via sempre più in difficoltà con la sfera affettiva ed emotiva, in difficoltà con le richieste del suo cuore, ma anche con la capacità di intuire il momento dell'azione e quello della resa, quello dell'attacco e quello della difesa, che sono qualità fondanti del buon senso femminile.

Si tratta di bambine alle quali è stato chiesto di diventare "grandi" e di farlo in fretta. Bambine che non hanno potuto imparare il linguaggio del corpo e della tenerezza, perché tenute a distanza, poco accarezzate, poco abbracciate e sempre molto giudicate; sono bambine che hanno dovuto dimostrare saggezza e maturità in una fase della vita in cui non si dovrebbe essere altro che "bambini" e cioè esprimere sé stessi attraverso il gioco, in un ambiente di sostegno in cui le figure di riferimento fanno da filtro a tutto ciò che non può essere elaborato ed integrato a livello razionale, perché l'età non permette il controllo e la padronanza emozionale.

In questa fase il bambino, tanto quanto trarrà sostegno e protezione dalle figure preposte a darglieli, tanto quanto sarà in grado di sostenersi e proteggersi in prima persona nelle fasi adulte della vita. Suoi unici impegni, in una condizione ideale quasi impossibile da raggiungere per chiunque nella prima età, dovrebbero essere il gioco e l'azione creativa, perché solo così lui potrà cominciare a strutturare il suo mondo interiore, superando i possibili conflitti che incontra a livello emotivo, proprio attraverso l'elaborazione immaginale della realtà che lo circonda. L'incapacità di visualizzare le immagini dietro ai tumulti emotivi che sono propri dell'età infantile, impedisce al bambino di creare un ponte tra il mondo interno e quello esterno, che viene sentito come minaccioso ed insicuro, un luogo da cui difendersi e tenere a distanza.

Se manca la possibilità di cura e protezione quindi, il bambino si allontana gradualmente da tutto ciò che può minacciare la sua tranquillità, rinnega il mondo emotivo e si dedica a coltivare di sé la dimensione del "fare" che diventa più importante di quella dell' "essere", perché è solo attraverso il fare che può ricavare quell'apprezzamento e quell'accettazione che gli verrebbero a mancare se mostrasse il suo lato emotivo, le sue fragilità.

Scrive Donald Kalsched, membro del Carl Gustav Jung Institute di New York, nel suo "Il mondo interiore del trauma": "Mary spesso veniva chiusa in camera sua quando era stata "cattiva". A quanto dicevano, aveva imparato ad usare il gabinetto all'età di 12 mesi [...] a poco a poco, cominciammo a recuperare qualche ricordo di come fosse cresciuta troppo in fretta, sacrificando i bisogni del suo vero sé, identificandosi con gli adulti accuditori ed adottando una falsa facciata di invulnerabilità e di indipendenza". [13]

E' questo il motivo per cui, nell'età adulta, la donna Athena è pragmatica, efficiente e sa muoversi con competenza proprio in quei settori che la tradizione assegna come dominio esclusivo del mondo maschile. E' costante, determinata e capace di risolvere ogni problema pratico ancor più dell'uomo, perché attinge dal suo innato buon senso, che sebbene tipico del femminile, è sicuramente in analogia con la sfera dell'intelligenza e della razionalità, a cui lei dà un valore fondamentale. Ma soprattutto Athena non ha paura di combattere, di scontrarsi con coraggio per affermare la sua volontà, perché certa della bontà delle sue scelte, che lei porta sempre avanti con scrupolo e grande lealtà, due delle doti più belle di quest'archetipo divino.

L'unico settore che le può creare difficoltà è quello del cuore. Infatti, proprio nell'attimo in cui riesce a stabilizzare la sua esistenza, il destino le riserva esperienze emotive particolari che la invitano a scendere dentro di sé, "ad abbassare lo scudo", a scoprire le sue profondità emotive che l'aiuteranno a sciogliere alcune rigidità, perché solo l'immersione nelle acque agitate della sua anima aumenterà la conoscenza di sé stessa, al di là dell'identificazione e del ruolo che ha scelto per sentirsi sicura.

Ma anche quando cede all'amore, è solo per un attimo, perché dopo l'immersione in sentimenti positivi e fiduciosi, gradualmente tutto si sfilaccia

---

[13] D. Kalsched, Il mondo interiore del trauma, Moretti & Vitali Editori, Bergamo 2001, pag.67

e si confonde; è come se lei automaticamente s'infilasse in un labirinto senza uscita e in storie complicate, con l'inconscia paura che possano funzionare, mettendo a rischio l'unica immagine che ha di sé e in cui ha scelto d'identificarsi per proteggere il suo cuore. C'è, infatti, un persistere in quest'archetipo di un atteggiamento di diffidenza, di negazione ed incapacità ad abbandonarsi al flusso della vita, perché è proprio da questa chiusura che si ricava un sentimento di sicurezza; seppur percepisca che si tratti di un'attitudine negativa, la paura di essere vulnerata e rifiutata allontana la donna Athena dalla possibilità di sperimentare, invece, l'aspetto positivo dell'archetipo, che è quello della saggezza e della capacità di discernere il giusto tempo in cui accogliere i cicli della vita.

In Astrologia, il persistere di quest'atteggiamento bloccante e che inibisce l'espressione dei sentimenti è spesso legato al binomio Saturno/Venere, che ho sempre definito "la paura di amare".

L'aspetto astrologico, anche quando è armonioso e non dinamico, struttura un sottofondo d'inadeguatezza e di autocritica severa che inibisce la spontaneità, la fluidità e l'espressione dei sentimenti. E' un senso di rifiuto di sé, di costrizione interna, una sfiducia che spinge ad alzare barriere difensive, col risultato di apparire freddi e distanti, quando in realtà il bisogno d'accettazione e d'amore è fortissimo.

Scrive l'astrologo karmico Paolo Crimaldi nel suo "Iniziazione agli Amori karmici": "Diventa un bisogno quello di soffrire, quasi per ripetere quel vecchio copione, unica modalità apparentemente conosciuta di relazionarsi. E' qui che affondano le proprie radici affettive radicate da più esistenze, ma è proprio da qui che deve partire il cambiamento, lo stravolgimento del copione per imparare ad amare in modo diverso, con minore fatica". [14]

In molti casi, ciò è dovuto ad esperienze d'abbandono e di rifiuto sperimentate nell'infanzia, che vengono rimesse in moto inconsciamente nell'età adulta, perché nella mente si è creato un particolare schema mentale che non dà spazio ad altri sentimenti, non dà spazio alla fiducia e all'accettazione di sé, le uniche che potrebbero aprire alla fiducia e all'accettazione dell'altro.

Scrive l'astropsicologo americano Stephen Arroyo nel suo "Astrologia, Karma, Trasformazione": "Potremmo correttamente affermare che il

---

[14] P. Crimaldi, Iniziazione agli Amori Karmici, Edizioni Mediterranee, Roma 2009, pag. 22

principio di Saturno, quando si manifesta in modo negativo, è semplicemente paura. […] Affrontando realisticamente questa tendenza innata all'inibizione e alla paura, l'individuo può iniziare a riformulare l'atteggiamento personale e le abitudini consuete in quella zona della vita. Così, spesso, quando prendiamo di petto una paura, con la piena volontà di fare ciò che è necessario per trasformare quella dimensione della nostra vita, la natura minacciosa e oscura di ciò che abbiamo temuto si dissipa, rivelando soltanto un'altra opportunità di vita e un altro aspetto del nostro essere". [15]

E il mito ci viene ancora una volta in aiuto, ricordando che Athena non era solo la dea della guerra e della ragione, ma anche la dea dei mestieri e della tessitura.

Athena, la tessitrice.

La tessitura nei vari miti antichi, un'arte che era riservata esclusivamente alle donne, era un simbolo ben preciso di chiarezza interiore, ma anche di buon senso perché rappresentava la necessità che, ad un certo punto dell'opera, la filatrice riconoscesse "quando continuare a filare e quando stuccare il filo" della tela su cui era intenta; quando inserire un colore, abbandonandone un altro, in modo tale da impreziosire e portare avanti al meglio l'intero disegno.

Si può ricordare che Signore della "tessitura della vita" erano le tre Moire, le Parche dei Romani: Lachesi, Cloto ed Atropo. Erano figlie di Zeus e di Temi, la dea della Giustizia, sorelle di Ananke, la Necessità. Le dee erano preposte a far sì che il disegno della vita assegnato ad ogni persona venisse portato avanti nel tempo stabilito, di conseguenza erano superiori a Zeus stesso perché custodi dell'Ordine naturale dell'Universo, a cui anche gli dei erano soggetti.

Platone, ne "La Repubblica", Libro X, ci parla delle tre dee nel "mito di Er".

«Quando tutte le anime si erano scelte la vita, secondo ciò che era loro toccato, si presentavano a Lachesi. A ciascuna ella dava come compagno il

[15] S. Arroyo, Astrologia, Karma, Trasformazione, Astrolabio Ubaldini, Roma 1990 pagg. 100-101

daimon che quella si era assunto, perché le facesse da guardiano durante la vita e adempisse il destino da lei scelto. E il *daimon* guidava l'anima anzitutto da Cloto: sotto la sua mano e il volgere del suo fuso, il destino prescelto era ratificato. Dopo il contatto con Cloto, il *daimon* conduceva l'anima alla filatura di Atropo, per rendere irreversibile la trama del suo destino». [16]

Se guardato dal punto di vista dell'Astrologia Karmica, che assegna un compito particolare all'anima che abbia la fortuna di una nuova incarnazione, Lachesi (lachesis, la sorte) è, secondo il sistema delle "Parti arabe", il cosiddetto "Punto di Fortuna", perché è l'incarnazione stessa ad essere giudicata un dono; Lachesi assegna quindi all'anima un genio particolare, il *daimon*, che in Astrologia è rappresentato dal pianeta più vicino all'Ascendente, perché l'assista durante il percorso di vita; l'Ascendente è la "barca" con cui intraprendere il "viaggio" verso lo Spirito. Il *daimon* conduce quindi l'anima da Cloto (klotes, la filatrice), che tesse il destino che lei stessa ha scelto di seguire lungo il percorso che si delinea tra i due Nodi della Luna (Sud, da dove l'anima proviene, Nord, verso dove l'anima è diretta). Infine l'anima giunge da Atropo (atropos, irreversibile), che impedisce che il destino abbia un corso differente da quello scelto dall'anima stessa per la sua evoluzione.

E' molto interessante notare come, secondo Platone e l'Astrologia karmica, la tessitura sia messa in relazione alla vita stessa, perché ognuno sia cosciente e renda conto del destino che lui stesso ha scelto per la sua incarnazione.

Otre alle Moire, ricordiamo che comunque il tessere e filare erano azioni riservate alle dee femminili, soprattutto "lunari" che si preoccupavano che le leggi del divenire, della morte e della rinascita fossero sempre rispettate. E ad Athena il mito assegna l'invenzione stessa della tessitura, sconosciuta prima di lei.

Esiodo ci ricorda infatti di come la dea avesse tessuto con le sue mani la bellissima veste che si sfilava per indossare l'armatura, di come avesse donato ad Hera un raffinato peplo per sedurre Zeus ed avesse insegnato a Pandora, la prima donna creata, l'arte del filare.

Questo attributo tipicamente femminile di Athena, perché non collegato né alle sue doti guerriere né a quelle razionali di saggezza e capacità intellettive, mette l'accento sulla capacità che ha la donna che abbia prescelto

---

[16] Platone, Opere complete, vol. 6, Laterza, Roma 1971, pag. 349

questo modello divino di esprimere al meglio l'intera gamma del potenziale femminile, anche se non ne è cosciente, anche se riconosce le qualità intellettive come le sue doti migliori. Ecco perché la vita sistematicamente la invita a non avere paura, ad abbattere quel muro, lasciando elmo e corazza, anche a farsi ferire se occorre, perché le ha anche donato l'ostinazione di volersi incontrare con la sua totalità, analizzando sé stessa, le radici del suo "essere donna" e il contributo prezioso che la ricchezza del suo femminile può portare al mondo.

Solo a quel punto lei riuscirà a capire quando è giusto "continuare a filare e quando stuccare il filo" e cioè battersi per i suoi ideali e le sue convinzioni, o lasciar andare certi atteggiamenti mentali ostinati che non potrebbero più darle alcuna felicità, o troncare delle storie deludenti che umiliano la sua dignità; riuscirà a capire quando e perché stuccare il filo, così come la tessitrice stucca quello con cui ha tessuto fino a quel momento ed inserisce il più adatto, per colore e bellezza, a completare il disegno.

I mestieri e la tessitura che presiedeva la dea diventano anche simbolo della capacità di concentrazione che c'è in quest'archetipo divino; quando il tumulto interiore delle emozioni si fa forte ed ingestibile dalla ragione, anziché ricorrere al controllo mentale e alla rimozione delle forze istintive che inondano la coscienza e appaiono delle vere nemiche, la donna Athena può "prendere tempo"; così come la filatrice si raccoglie in sé stessa e pone la sua attenzione alla tela che sta tessendo, sfrondando tutto ciò che non serve all'opera su cui è intenta, allo stesso modo la donna Athena che non voglia risolvere l'esperienza solo con la ragione o il controllo mentale, può rifugiarsi nel suo mondo interiore e riprendere il contatto con la sua anima; lì può trovarvi calma e centratura, senza dover sacrificare parti di sé più ricettive, che diversamente andrebbero perdute.

Scrive E. Neumann in "La Luna e la coscienza patriarcale" in "La psicologia del femminile": "Mentre la coscienza maschile patriarcale è più rapida, più astratta e distaccata mentalmente, la coscienza matriarcale è mistero e silenzioso raccoglimento: la donna deve attendere finché non sia di nuovo luna piena [...] solo quando il tempo è compiuto, emerge la conoscenza come illuminazione." [17]

La "dea Vergine" quindi, è un traguardo psicologico da raggiungere più

---

[17] E. Neumann in "La Luna e la coscienza patriarcale" in "La psicologia del femminile", Astrolabio Ubaldini, Roma 1975, pag. 64

che uno stato primario dell'essere e spesso non si può raggiungere se non passando attraverso un "vulnus", una ferita che possa infrangere il muro che circonda il cuore, aprire un varco ed immettere linfa nuova lì dove non scorre più un alito di vita. Ma una volta che la donna si sia resa vulnerabile per esperienze di vita partecipate e trasformanti, una volta che non si sia negata all'incontro con sé stessa ed abbia compreso la necessità di un cambiamento per la sua felicità, sarà anche riuscita a distinguere quando seguire l'istinto e quando la ragione, quando la testa e quando il cuore, senza dover abdicare ad uno dei due modi di essere ma miscelandoli tra di loro, ma soprattutto riuscirà a perdonare le sue fragilità perché, non avendole negate, se ne è anche distaccata, padroneggiandole dall'alto come la filatrice padroneggia la tela.

E questo perché ha anche raggiunto un'immagine chiara di ciò che vuole conquistare in quel momento specifico dell'esistenza, di ciò che è prioritario esprimere per la sua felicità, di cosa la può appagare, così come la tessitrice ha chiaro dentro di sé in ogni momento qual è il filo che primeggia e sovrasta tutti gli altri, per compiere al meglio l'intero disegno.

Gli orientali hanno un detto per cui "ogni particolare del piccolo disegno danza con l'insieme del grande disegno", il che significa che se la donna riesce a comprendere l'obiettivo che di volta in volta la vita le sottopone, acquista quello sguardo d'insieme che le può garantire la scelta migliore. Prendendo consapevolezza della sua totalità, della sua ricchezza interiore, della sua grande capacità di dare, ma anche dei limiti e delle fragilità che fanno parte dell'umana natura, la donna Athena può diventare "la tessitrice della sua vita" e non affidare più a nessuno il compito di indicarle la via, o di proporle un "disegno" che non sia quello che lei ha scelto in prima persona. Tollerando di "essere imperfetta", sarà anche in grado di non giudicare più le imperfezioni degli altri, rispettando il loro destino, così come ha imparato ad accogliere, onorare e rispettare il proprio.

La fiaba delle tre filatrici.

Per proseguire sulla metafora della tessitura, riporto di seguito una fiaba dei Fratelli Grimm "Le tre filatrici". [18]

---

[18] Le più belle fiabe dei Fratelli Grimm, Ed. Giunti junior, Milano 2005

"C'era una volta una ragazza molto pigra che non voleva filare. Sua madre voleva obbligarla ma non riusciva mai a farsi ubbidire, finché un giorno perse la pazienza, andò in collera e cominciò a prenderla a legnate e quella si mise a piangere e a disperarsi. In quel mentre passò di lì la Regina e quando sentì gli strepiti della ragazza, ordinò al cocchiere di fermarsi, scese dalla carrozza ed entrata nella casa della donna, le chiese come mai picchiasse la figlia così violentemente a tal punto che le urla arrivavano in strada. Quella si vergognava a raccontare alla sovrana la verità, così disse "Il fatto è che mia figlia non vuole smettere di filare, fila in continuazione ma io sono una povera donna e non ho tutto questo lino da comprare". Allora la Regina disse: "Non c'è niente che mi dia più piacere che il ronzio dell'arcolaio: lascia che tua figlia venga con me a palazzo, lì ho tutto il lino che desidera, potrà filare quanto vuole". Alla donna piacque l'offerta della Regina e la ragazza andò così ad abitare nel palazzo reale. Il giorno dopo, la Regina la condusse al piano di sopra dove c'erano tre camere completamente colme del lino più fine e le disse "Ecco, puoi metterti a filare e quando avrai finito, potrai sposare il mio primogenito". La ragazza si spaventò molto per quella situazione, non era proprio capace di filare, non avrebbe mai potuto imparare nemmeno se avesse avuto cent'anni per farlo. Rimasta sola, iniziò a piangere perché non sapeva come fare. Disperata, si affacciò alla finestra e vide tre strane donne venire verso di lei: la prima aveva un piede piatto, la seconda aveva un enorme labbro pendente, la terza aveva un pollice gigantesco. Si fermarono sotto la finestra e quando appresero dalla fanciulla la sua storia, le offrirono di fare il lavoro per lei solo se le avesse poi invitate nel giorno delle nozze: "Non dovrai vergognarti di noi e ci presenterai al tuo sposo nel giorno del matrimonio". La fanciulla accettò, le fece entrare e quelle iniziarono subito il loro lavoro: la prima tirava il filo e schiacciava il pedale con il suo piede grosso, la seconda inumidiva il filo con il suo labbro sporgente, la terza lo batteva e lo torceva col suo pollice gigante.

In brevissimo tempo il lino fu tutto filato e la ragazza andò subito a chiamare la Regina.

Quella si compiacque enormemente dell'operato e subito si diede avvio alle nozze. Quando la festa iniziò, si presentarono le tre filatrici ed il giovane fu sbalordito dalla loro bruttezza. Avvicinatosi a loro, volle sapere il perché delle loro deformità: "Come vi siete fatta il piede piatto?" "A forza di schiacciare il pedale" rispose la prima; "E voi, come vi siete procurata quel labbro sporgente?" "A forza di leccare il filo", rispose quella; infine chiese alla terza: "E questo pollice così grosso? Come ve lo siete procurato?" "A forza di schiacciare il filo" fu la risposta dell'ultima. Allora il principe, allarmato, disse "La mia bella moglie non dovrà mai più toccare un arcolaio!" e fu così che la fanciulla si liberò dell'odiato filare".

La fiaba fa riflettere molto bene sulle tensioni contrapposte che si muovono all'interno della psiche e che devono trovare un'integrazione tra loro.

Mentre la ragazza simboleggia un lato indolente della psiche che ama il "non fare", è un lato Anima che preferisce rifugiarsi nella passività per timore di esporsi troppo o semplicemente di sbagliare, l'archetipo materno rappresenta il suo contrario, che ha bisogno di ricavare forza e sostegno dallo stra-fare; è un archetipo che concentra la realizzazione sulla quantità più che sulla qualità. Anche la regina simboleggia una parte Anima; come tutte le figure femminili delle fiabe, è la parte che riconosce il valore della capacità di azione, la capacità di trovare una soluzione alle seduzioni dell'Anima passiva. Ma è una parte Anima anche lo sciogliersi in pianto della ragazza, un atto di riconoscimento della sua impotenza, che pone fuori dalla sua sfera di controllo la capacità di risolvere la situazione.

In Astrologia, il contrasto potrebbe essere ben rappresentato dal binomio Saturno/Nettuno quando tocchino la Luna, espressivo di chi ha all'interno del proprio sé una polarità tra la tendenza all'inerzia e al bisogno d'appoggiarsi agli altri e contemporaneamente sia pungolato a muoversi, a non fermarsi pur di produrre, ricavando da questo una compensazione alla parte negata di sé che non ha mai riconosciuto e che viene tenuta nell'ombra perché disprezzata.

L'incontro tra le due parti in lotta tra loro viene risolto dall'intervento di un "terzo elemento", che nella fiaba è impersonato dalle tre filatrici, che non sono altro che lo specchio della trasformazione in positivo delle parti ombra che sono state riconosciute nella loro umanità, sono state accettate sebbene imperfette e quindi migliorate ed utilizzate in positivo.

L'archetipo Athena inclina la donna a negare le sue parti più fragili perché sinonimo di debolezza, quando è proprio dal riconoscimento, accettazione e miglioramento di queste fragilità che può scaturire la forza interiore che lei ricerca e che rappresenta la parte più bella di quest'archetipo divino.

Infatti, una volta illuminato, dona alla donna saggezza, umanità, integrità, dignità, comprensione dei tempi della vita, dedizione e costanza in ciò che ritiene un compito personale, una propria responsabilità; dona lo scrupolo a non accettare i meriti se non di ciò che è stato conquistato con sacrifici e rinunce e se la donna riesce a visualizzare le insidie della parte ombra, può davvero raggiungere uno stadio di grande levatura, senza dover per questo perdere la propria umanità.

Scrive lo scienziato e filosofo americano Gary Zukav nel suo "Una sedia per l'anima": "Vivete confidando che, quando sarà il momento, i pezzi sparsi si ricomporranno e vedrete con chiarezza. La fiducia vi permette di suscitare le vostre negatività al fine di superarle. Vi permette di risalire lungo i vostri sentimenti attraverso le vostre difese e fino alle fonti e di portare alla luce della consapevolezza quegli aspetti di voi stessi che oppongono resistenza all'interezza, che vivono nella paura. Il viaggio verso il potere autentico richiede che diventiate consapevoli di tutto ciò che sentite. L'identificazione e la guarigione delle vostre negatività possono apparire come un processo senza fine, ma non è così. Le vostre vulnerabilità, debolezze e paure sono analoghe a quelle di tutti gli esseri umani. Non disperatevi per il risvegliarsi della vostra umanità".[19]

Il lato ombra di Athena, l'Animus giudicante.

C'è anche un altro aspetto dell'archetipo Athena che può manifestarsi nella sua parte ombra, quando la donna non sia riuscita a mediare tra le spinte contrarie che dominano la sua psiche ed abbia completamente abdicato alle qualità della sua natura femminile, naturalmente portata alla comprensione ed alla pazienza.

In questo caso, entra in scena la parte più negativa dell'archetipo, che spinge verso un principio interno severo molto forte, che inclina alla critica e al giudizio nei confronti delle debolezze degli altri e rischia di interrompere il contatto con la parte Anima e col principio di Eros in essa contenuto.

Di solito, c'è la presenza di un Animus molto forte che si è strutturato per difesa nell'età infantile, quando la donna ha visto denigrate le sue fragilità, soprattutto da chi faceva parte dell'habitat maschile; questo modello ha prevalso sull'Anima e sul bisogno di empatia e di perdono, a sé e agli altri, che in essa è racchiuso.

---

[19] G. Zukav, Una sedia per l'anima, Corbaccio Edizioni, Milano 1989, pag. 158, pag. 178

Nello stesso tempo, forse per la presenza di un femminile debole e passivo portato avanti dal modello materno, ma soprattutto di un atteggiamento che denigrava inconsciamente le qualità femminili, ritenute inferiori a quelle maschili ed ai riconoscimenti che a queste erano assicurati, è stato impossibile per la figlia non identificarsi in un modello iper-razionale e giudicante, sentendo la forza attraverso l'efficienza e la perfezione, ma anche sacrificando la bambina interiore che non è più capace d'esprimersi e che viene resa muta.

E' per questo che se l'archetipo Athena non viene educato, può sfociare nel peggio della sua estensione, che nella mitologia greca è rappresentata dalla storia di Medusa e dal suo terribile mito.

Medusa.

Il mito di Medusa è uno dei più terrificanti tra i miti greci, ma particolarmente significativo per le tematiche psicologiche che presenta.

Medusa è una bellissima fanciulla che ha votato sé stessa al culto della dea Athena, attraverso il servizio e la promessa di verginità. Un giorno, addentratasi nel boschetto sacro alla dea, viene posseduta da Poseidone, il dio del mare, che trasformatosi in aquila, la rapisce e le usa violenza proprio nel tempio della dea.

46

La fanciulla, in lacrime, corre dalla dea per ottenere giustizia contro l'aggressore, ma Athena si dimostra spietata perché anziché punire il fratello Poseidone, infierisce sulla ragazza trasformandola in una Gorgone, un mostro orrendo dai capelli serpentiformi e lunghe zanne al posto dei denti; la sua bocca resterà spalancata, quasi a simbolo dell'orrore dell'avvenuta trasformazione e il suo sguardo avrà il potere di pietrificare chiunque lo attraverserà.

Sarà costretta a vivere immobile in una palude melmosa posta a guardia del Giardino delle Esperidi e il suo compito sarà di sbarrare la strada con lo sguardo a chiunque avesse l'ardire di entrare in quel dominio.

Quando Perseo, aiutato da Athena, dovrà affrontare Medusa per entrare nel Giardino, userà uno specchio per evitare d'incontrare lo sguardo della Gorgone e con questo espediente potrà reciderle di netto la testa con un falcetto. A quel punto, dal sangue della ferita usciranno due personaggi della mitologia greca, Pegaso, il cavallo alato ed il gigante Crisaore, dall'aurea spada, mentre le gocce di sangue cadute nel mare daranno vita allo splendido corallo rosso e ad Anfesibena, il serpente dotato di due teste alle estremità e quattro luci al posto degli occhi. Perseo, dopo essersi servito dell'orrenda testa per pietrificare molti dei suoi nemici, la porterà in dono ad Athena che la fonderà sul suo scudo e se ne servirà per distruggere ed annientare chi, da lì in avanti, sfiderà la sua divinità.

Come ci riporta Robert Graves ne "I miti greci", il sangue della Gorgone sarà poi utilizzato da Asclepio, il dio della medicina, perché se dal lato sinistro di Medusa sgorgava veleno, il sangue del suo lato destro aveva il potere di ridare la vita. [20]

Rancore e risentimento.

Il mito di Medusa ci offre diverse considerazioni d'appoggio a quello di Athena, non solo per comprendere le insidie di un Animus femminile che si è fatto dominante nel suo lato negativo, ma soprattutto per approfondire la tematica della ricomposizione degli opposti. Infatti, le due figure sono speculari, così come simboleggiato dall'uso dello specchio nella risoluzione

[20] R. Graves, I miti greci, Longanesi, Milano 1992, pag. 156

del mito.

Medusa passa dalla condizione di "Vergine" propria di Athena a quella di "Vulnerata", perché ferita non solo dallo zio Poseidone, ma dalla dea stessa, il cui tradimento brucia ancor più agli occhi della ragazza, perché inferto proprio da parte di chi era preposto a difenderla, proteggendo la sua innocenza.

Si delinea quindi un territorio psicologico specifico, in cui la parte ombra dell'Animus, simboleggiata da Poseidone, brutale ed intrisa di forza istintuale, ha il sopravvento sulla parte luce di pietà e compassione dell'Anima femminile, che si pietrifica nei sentimenti e nelle emozioni, a tal punto da trasmettere questa pietrificazione a chiunque abbia l'ardire di entrarvi in contatto.

Medusa non è che lo specchio dell'incapacità della psiche di poter operare una mediazione tra due opposti, tra la funzione "pensiero" della mente, fortissima e prioritaria nell'archetipo Athena e quella "sentimento", è la testa che rende muto il cuore. Athena rimane impassibile al dolore, ai gemiti della sua stessa parte negata e visto che l'Ombra nella donna viene proiettata sulle figure femminili, Athena trova in Medusa e nella sua pietrificazione uno specchio spietato e infallibile della crudeltà del suo cuore, della sua incapacità di amare.

La molla scatenante della rovina di Medusa è duplice: la prima è strettamente collegata alla sua vanità, che sedimenta sconosciuta nell'inconscio dell'archetipo Athena, a tal punto che la presunzione di perfezione fisica di Medusa, bellissima nel suo aspetto esteriore, scuote l'animo della "perfetta" Athena, che da sempre privilegia il potere della ragione su quello della natura, il potere della mente su quello del corpo e del cuore.

La trasformazione in serpenti dei bellissimi capelli di Medusa e non di altre parti del suo corpo mette l'accento sul rischio che cela l'ombra dell'archetipo di rifiutare la bellezza femminile come un valore naturale e spontaneo perché naturalmente preposto ad aprire il cuore dell'uomo; l'archetipo Athena diffida della bellezza femminile, la vede come un nemico da combattere ed azzerare, perché nessuno le ha insegnato a trovarsi a suo agio "nella propria pelle", a prendersi cura del proprio corpo, a rispettarlo come fonte di vita e d'amore. Convinta che il potere femminile possa uguagliare quello maschile solo attraverso l'acutezza della mente e la linearità del pensiero, l'archetipo Athena non compiuto sottrae alla donna il principio di piacere, a cominciare dalla possibilità di piacere a sé stessa, di entrare in contatto col suo corpo, di accettare la sua totalità, che è fatta sicuramente di un lato maschile acuto e brillante, portato ad esprimersi con logica e razionalità, ma anche di un lato femminile altrettanto importante, che ha bisogno di rivelare i propri sentimenti e non negarsi all'incontro con l'amore.

E' questo il motivo per cui l'archetipo che non si compie fa di lei la peggior nemica delle donne, che critica e giudica con grande severità, perché al femminile riconosce soltanto una dimensione d'inferiorità che fin da bambina ha imparato a disprezzare, perché nessuno le ha insegnato a prendersene cura, a rispettarla, coltivandola dentro di sé. Ricordiamo che nel mito Athena è "la figlia del padre", nata direttamente dalla testa di Zeus completamente vestita ed armata, pronta ad accogliere in tutto e per tutto le regole del patriarcato, dell'Olimpo maschile.

Non a caso, il mito ci riporta le gesta di Athena a favore di grandi uomini, di eroi al fianco dei quali si era sempre schierata; aveva aiutato Achille, Giasone, Ulisse e Perseo, dimostrando la sua predilezione per chi fosse abile e scaltro e non certo per chi non rivelasse questo tratto, per lei imprescindibile, dell'essere maschile.

Ricordiamo anche che Athena non aveva sacerdotesse ma sacerdoti al suo servizio che custodivano i suoi templi ed il gesto che decretò stabilmente la sua predilezione per le scelte del patriarcato fu il suo schierarsi a favore di Oreste nel processo contro Clitennestra, per l'uccisione del marito: il suo voto fu decisivo per decretare la fine di Clitennestra e la salvezza del figlio che aveva vendicato la morte del padre.

Ad esclusione del passo del mito che la vuole affranta per la morte dell'amica Pallade e che può simboleggiare il recupero della parte Anima attraverso il calore che porta l'amicizia tra donne, non sono ricordati di lei altri moti d'umanità, di sorellanza, di gioia nello scambiare col mondo femminile, così come troveremo invece nelle altre dee; anche nel caso di Medusa, a lei devota e affezionata, Athena non esiterà un solo momento a giustificare l'abuso sulla giovane da parte del fratello Poseidone, nonostante fra tutti gli dei fosse quello a lei più ostile.

Similmente, la stessa inflessibilità che Athena aveva dimostrato nei confronti di Medusa, la ritroviamo anche nel mito di Aracne, la tessitrice della Lidia; anche in questo caso, Athena punisce e trasforma in ragno la giovane Aracne, non solo perché l'aveva sconfitta nella gara di tessitura, ma perché aveva osato creare una tela in cui venivano raffigurati i tradimenti di Zeus, il re degli déi, suo padre e signore di tutta la terra; ancora una volta Athena si schiera col mondo maschile, con le regole del patriarcato ed introduce nell'ombra dell'archetipo l'ergersi a giudice di ciò che è giusto o non giusto fare, di ciò che non si inquadra in un'ottica convenzionale su cui si è accordato il pensiero collettivo, che è soprattutto patriarcale.

Scrive Gary Zukav nel citato "Una sedia per l'anima": "Non è la via dell'universo quella di voler stabilire che cosa è giusto e cosa non lo è; [la vera giustizia] rappresenta la libertà di vedere ciò che si vede e provare ciò che si prova senza reagire in modo negativo. Permette di sentire direttamente il flusso privo di ostacoli dell'intelligenza, dello splendore e dell'amore dell'universo di cui fa parte la nostra realtà fisica. La giustizia priva di ogni forma di giudizio scorre naturalmente dalla comprensione dell'anima e del modo in cui si evolve".[21]

Sarà tornando indietro alla ricerca delle sue radici, che la donna Athena potrà incontrarsi col la sua anima, al quale ha sbarrato la porta, perché quand'era bambina qualcuno ne ha buttato la chiave.

E il mito ci viene ancora una volta in aiuto perché è solo dopo il "taglio della testa" di Medusa che escono le creature fantastiche di Pegaso e Crisaore; esce fuori lo spettacolo del corallo rosso ed il serpente a due teste, simbolo degli opposti da integrare, così come simbolo d'integrazione sono i due lati che dividono in due il corpo di Medusa: quello sinistro apportatore di morte, quello destro fonte di vita.

Il mito simboleggia in maniera precisa che è solo aprendosi di più all'immaginazione, al sogno, alla capacità di percepire e non solo di ragionare che l'archetipo Athena si compie, perché riesce a comprendere perfettamente quando servirsi della ragione e quando del cuore, quando della cultura e quando della natura.

Ma per raggiungere questo, la donna Athena deve ritrovare il contatto con la bambina che è dentro di lei e che lei ha confinato nella stanza più buia della sua psiche; la deve riprendere in mano come se prendesse in mano un fiore ed aiutarla ad esprimersi, ad esprimere le sue emozioni senza vergogna e senza timore di essere giudicata e con quella dignità che Athena le ha insegnato a non svendere a chicchessia, a lusinghe di nessun tipo, né di bellezza, o di potere, nè di vittoria, d'immagine o di riconoscimento.

---

[21] G. Zukav, Una sedia per l'anima, Corbaccio, Milano 1989, pag. 158

Solo dopo questo contatto, Athena può incontrarsi con Methis, l'archetipo della saggezza che nasce dal cuore, la madre mai avuta, la madre ingoiata dallo strapotere maschile. Ricordiamo infatti che Athena nacque dalla testa di Zeus dopo che questi aveva ingoiato la titanica Methis, sua prima moglie e dea "del buon consiglio", perché - al pari del padre Cronos -, l'oracolo aveva predetto che sarebbe stato detronizzato da un figlio più saggio di lui.

Athena, non ingoiata da Cronos perché figlia di Zeus, è in realtà la conseguenza dell'ingoiamento della "madre" e cioè di tutte quelle qualità specifiche e sacre del materno, che stanno alla base dei valori femminili.

Rientrando in contatto con la bambina interiore e mettendo a tacere il feritore interno, il sabotatore che vuole trattenerla in una condizione infantile di sterilità, la donna Athena può finalmente apprezzarsi, rassicurarsi, fidarsi e confidarsi, senza dover negare nulla di sé stessa, ma esprimendo in pieno le molte potenzialità di questo bellissimo archetipo divino.

Non è un percorso facile questo, è irto di rovi, ci si ferisce continuamente, ma è l'unico cammino che può dare alla donna la consapevolezza e l'orgoglio dell'essere femminile e cioè una persona che dopo aver lavorato su di sé, sia riuscita a trovare quel "giusto mezzo" che la dea simboleggiava nell'antichità perché, pur non sottraendosi ad una vita d'intensità e profondità affettiva, ha imparato a perdonare sé stessa, a stemperare le sue rigidità, ad integrare gli opposti psichici come "tessendoli su di una tela", col risultato di continuare a rimanere lucida nel bel mezzo di una tempesta emotiva ma non perché si è imposta il controllo razionale, piuttosto perché si è fatta attraversare dall'emozione in ogni fibra del suo corpo e, solo dopo quest'atto di vero coraggio, ha acquistato il distacco e la padronanza che le piace dimostrare.

Recuperando la stima nel suo essere donna, sacra e fonte di vita, credendo nella possibilità di infrangere una tradizione di secoli che vuole mettere maschile e femminile in guerra tra loro, lei potrà iniziare a scambiare con l'uomo e con la donna in totale parità, perché attingerà le sue risorse più immediate non dalla parte maschile della sua natura, ma da quella femminile, quella che è in contatto con la sua anima, col suo cuore, col suo stesso "essere donna".

L'ARCHETIPO ARTEMIDE

"Artemide io canto, dalle frecce d'oro, che ama i clamori della caccia;
vergine augusta, arciera saettatrice di cervi,
sorella del dio dall'aurea spada, Apollo;
Artemide, che sui monti ombrosi e le cime battute dal vento
esaltandosi nella caccia, tende l'arco tutto d'oro,
e scocca i suoi dardi dolorosi, tremano le vette
dei monti sublimi, dalla foresta piena d'ombra
si leva un'eco immensa, all'urlo delle fiere,
freme la terra e il mare pescoso, ma ella, con intrepido cuore,
si volge da ogni parte, sterminando la stirpe delle fiere".

(Omero, da "Inno ad Artemide")

La dea Artemide, Signora della caccia e della luna crescente, la Diana dei Romani, era una divinità strettamente collegata alla natura, ai boschi e ai luoghi selvaggi.

Nata da Zeus e dalla titanica Leto, gemella di Apollo e nata prima di lui, aveva aiutato la madre a partorire il fratello nella terra di Delo, in cui la donna si era rifugiata per sfuggire alla vendetta della moglie di Zeus, la gelosa Hera.

Il mito la ricorda come una fanciulla bellissima, che aveva ricevuto per premio dal padre i doni che aveva chiesto per la sua attività di cacciatrice: un arco d'argento e una faretra, una muta di cani con cui andare a caccia, uno stuolo di ninfe dell'acqua, ma soprattutto l'eterna verginità ed il compito di "portare la luce".

E' per questo che è ritratta spesso con frecce e faretra ed associata al nome di Hekate, "la lungisaettante" ma anche, in qualità di dea lunare, con la fiaccola accesa.

Tra gli animali a lei sacri, oltre al cervo, la lepre, la leonessa e il cavallo selvaggio, sappiamo che Omero parla di lei come "Potnia Theron", patrona degli animali selvaggi, la "cacciatrice di cinghiali", così come l'epiteto "Brauronia" la collegava ad un passo del suo mito riferito ad un orso. Cinghiale ed orso erano quindi gli animali più rappresentativi della dea, il primo perché selvaggio, libero e non soggetto ad alcuna restrizione ed il secondo sia per la sua distruttività e la ferocia verso i predatori, sia per il lato materno e protettivo che mostrava nei confronti dei cuccioli.

E' per questo che, nonostante fosse una "dea Vergine", Artemide era invocata dalle donne per alleviare i dolori del parto e favorire le nascite; a lei venivano consacrate le fanciulle fin da bambine e, col nome di "orse", potevano godere della sua protezione per tutta la vita.

Combattiva e volitiva, Artemide viene ricordata per tre caratteristiche ben precise: la sua libertà d'azione, al di là delle regole imposte a tutto l'Olimpo da Zeus; il profondo affetto per la madre e infine la solidarietà nei confronti delle donne quando erano in pericolo di vita o venivano insidiate dall'uomo nella loro purezza.

Il mito ci ricorda infatti di come fosse intervenuta a favore della sua sacerdotessa Ifigenia, la figlia di Agamennone, che stava per essere immolata in Aulide per sedare le ire di Eolo, il dio dei Venti, che ostacolava la partenza delle navi greche; proprio all'ultimo minuto, Artemide l'aveva sostituita con una sua cerva, o con un'orsa secondo un'altra versione e, sebbene la fanciulla fosse pronta ad immolarsi, l'aveva trasportata in Tauride, sottraendola al sacrificio.

Un altro tratto specifico della dea era il suo risentimento nei confronti degli uomini che osavano non portarle rispetto, oppure insidiare qualcuna delle sue ninfe; tanto appariva materna e amorevole nei confronti delle donne, altrettanto si trasformava in una dea irata e vendicativa se c'era da punire un "maschio oppressore".

Si narra infatti che, mentre un giorno stava bagnandosi nuda sul monte Citerone, si era infuriata col principe Atteone che aveva osato rimirarla di nascosto e vantarsene con gli amici; dopo averlo trasformato in un cervo, Artemide non aveva esitato un attimo a scagliargli contro i suoi stessi cani, che lo avevano sbranato dopo averlo fatto a pezzi.

Non meno spietata fu Artemide nei confronti di Alfeo: ricorda Pausania di come la ninfa dei boschi Aretusa, consacrata alla dea, fosse stata da lei tramutata in fonte nel momento stesso in cui era stata minacciata da Alfeo, a sua volta trasformato in fiume per aver tentato di possederla.

Coraggio e solidarietà.

L'archetipo Artemide è il simbolo di un femminile indipendente, libero e capace di bastare a sé stesso, naturalmente portato ad istaurare rapporti paritari, in cui sono escluse dinamiche di sottomissione o di potere soprattutto col mondo maschile.

E' un archetipo che generalmente si attiva nell'età giovanile, quando la donna può contare su tenacia e determinazione, può impegnarsi con coraggio e costanza nella conquista delle proprie mete; grazie alla qualità primaria dell'archetipo di conservare una dimensione di centratura, di focalizzare un obiettivo e raggiungerlo, la donna che abbia attivato questo modello divino predilige la sfida e la lotta per esprimere le sue capacità e perseguire i fini personali. La dea Artemide non falliva un colpo, era un'arciera invincibile ancor più del fratello Apollo, il dio del sole, che con le sue frecce illuminava e guidava il mondo.

E' per questo che l'archetipo nella sua parte luce diventa lo specchio di un femminile ardito che ama il confronto e non si rassegna ad impersonare quel modello rinunciatario e passivo che da sempre la tradizione patriarcale ha voluto assegnare al femminile.

Il mito ci ricorda di come la dea avesse chiesto al padre la possibilità di scegliere in piena autonomia, senza dover chiedere il permesso per ciò che intendeva fare, a differenza di tutti gli altri dei che erano soggetti all'approvazione di Zeus.

E' quindi un archetipo di grande libertà interiore, di forza di volontà ed indipendenza, che può rappresentare un aiuto per la donna in tutti quei momenti in cui dovrà lottare non solo per le conquiste personali, ma anche per infrangere una tradizione secolare che la vuole passiva e sottomessa all'uomo, per non perdere consenso ed accettazione. Proprio perché gli archetipi non dipendono da regole spazio-temporali, Artemide si può attivare in ogni età ed ogniqualvolta la donna abbia bisogno di esprimere sé stessa in piena libertà; è quindi il simbolo del bisogno d'emancipazione che è insito nella psiche, della capacità di azione della donna e necessità di bastare a sé stessa, senza doversi appoggiare o dipendere da chicchessia, sia a livello materiale, che emotivo, o psicologico.

La sua sorellanza nei confronti delle altre donne poi, ne fa l'archetipo della solidarietà femminile, dello stringersi tra donne nei momenti di difficoltà, del trovare conforto nella loro radice comune, fatta di saggezza e profondità; se la dea Athena è ricordata per la sua ostilità nei confronti del mondo femminile, Artemide ne è la protettrice; amica e confidente delle fanciulle a lei consacrate, ricordiamo che sebbene vergine, era la dea più invocata tra tutte, non solo durante le doglie del parto, ma anche in tutti quei momenti in cui la donna si trovava in una condizione di sofferenza ed era incapace di rintracciare in sé stessa la forza per uscirne da sola.

La mamma della mamma.

Molto particolare è anche la parte del mito che vuole Artemide levatrice della madre Leto, che aveva aiutato subito dopo la nascita a dare alla luce il gemello Apollo.

Questa particolarità riferita dal mito conferisce all'archetipo che è proprio dell'Animus femminile combattivo e mai rinunciatario una qualità Anima di sensibilità e morbidezza. Così come l'archetipo lunare in Astrologia simboleggia l'istinto materno e la capacità di accogliere, nutrire e proteggere le proprie creature, altrettanta generosità, altruismo e dedizione si ritrova nell'archetipo Artemide, quando percepisce i bisogni dell'altro perché ha rinunciato a mettere i propri in primo piano.

E' per questo che la donna che abbia attivato soprattutto quest'aspetto della dea, assimilabile a quello astrologico della Luna che s'incontra con Nettuno, si ritrova spesso ad occuparsi della propria madre, "a farle da madre", diventando "la mamma della mamma", prendendo per lei decisioni importanti e svolgendo tutte quelle mansioni legate al materno che la madre non è in grado di sostenere, con la tacita rinuncia ad una vita personale, soprattutto sentimentale; di solito si tratta di donne che hanno un modello di padre molto forte ma assente, perché troppo impegnato nel lavoro ed una madre fragile perché malata oppure depressa; sono donne che s'identificano in un ruolo maschile di sostegno e di forza interiore, che devono farsi carico degli aspetti più faticosi della vita, ma che rischiano gradualmente di allontanarsi dalla loro interiorità, dalla capacità di chiedere e di riconoscere i loro bisogni emotivi.

Se poi sono attivi altri modelli divini che amplificano il bisogno d'empatia e la tendenza al sacrificio, l'archetipo diventa un grave ostacolo alla completa espressione della donna, alla conoscenza della sua totalità e degli altri aspetti della sua natura; la incatena in una condizione di annullamento di sé che spesso è lo specchio inconscio di una bassa autostima e dell'incapacità di accettare le proprie debolezze.

Se invece la donna riesce ad equilibrare la parte femminile con quella maschile della sua psiche, senza doversi schierare con una delle due polarità, può fare esperienza di una tra le qualità più belle di Artemide, la capacità di "essere levatrice".

Così come Artemide era stata risolutiva nell'aiutare la madre durante il parto, l'aveva sostenuta ed incoraggiata in un momento di sofferenza e solitudine, allo stesso modo la donna Artemide che abbia dentro di sé una forte spinta all'accoglienza dell'altro, può riscoprire il suo potere maieutico, diventando una "levatrice dell'anima", può dare forza e coraggio a coloro che si trovino in difficoltà o debbano rintracciare una luce in un momento di buio e crisi personale; può accompagnare l'altro a ritrovare in sé stesso le ragioni della sua sofferenza e dare vita e vigore ad una insospettata creatività, che finalmente può vedere la luce.

La guerra ad ogni costo.

Per altri versi e per l'aspetto bipolare e paradossale che presentano gli archetipi, è altrettanto facile vedere attivarsi questo modello in tutti quei casi in cui la donna lotta contro l'eredità passiva e rinunciataria che la madre le ha lasciato; se il padre è potente e forte come un "padre Zeus", la giovane Artemide farà di tutto per assomigliargli, scegliendo studi ed interessi prettamente maschili e soprattutto rifiutando quei tratti di sensibilità e tenerezza che sono corredo specifico del suo lato femminile. Identificarsi con un modello maschile, se da una parte sorregge la donna quando si batte e si accalora per ciò che l'appassiona e dà un senso alle sue scelte, per altri versi la espone al rischio di disprezzare la femminilità e tutte quelle manifestazioni legate all'amore e al sentimento che vengono tagliate via, come amputate da una coscienza che si è ormai virilizzata.

Questo fa sì che l'archetipo Artemide si ritrovi nella sua parte più estrema in tutte quelle donne che amano scontrarsi per il semplice gusto di farlo. Si tratta di donne impulsive ed istintive che fanno della "caccia" e della conquista i loro territori preferiti. Il loro modo di esprimersi è spesso orientato verso la sfida, a tal punto da non prendere minimamente in considerazione quei territori di confronto in cui non esista un motivo di scontro, dove non ci sia una possibilità di lotta e soprattutto di vittoria sull'altro.

Jung definiva quest'archetipo dell' "Amazzone guerriera"; sebbene nell'arciera Artemide non si arrivi mai agli estremi che propone questo modello mitologico e che rimanda al mito delle amazzoni che arrivavano ad amputarsi il seno per tirare meglio con l'arco, nell'archetipo si può nascondere una doppia insidia, a seconda se lo si viva in prima persona oppure lo si proietti, vivendolo di riflesso.

Prendendo spunto dagli archetipi astrologici, l' "Amazzone guerriera" si ritrova con una certa frequenza nelle donne il cui Sole si pone nei Segni Ariete, Capricorno o Scorpione, oppure che presentino i pianeti Marte o Plutone in aspetto al Sole o posti nei Segni di Fuoco; attraversate da una forte carica interna, hanno per questo la necessità di tenere alta l'energia, di individuare "un nemico" all'esterno che permetta loro di giustificare la fiamma dei loro sentimenti, che hanno bisogno di essere espressi, perché reprimerli provocherebbe un accumulo, che loro sentono di non poter controllare.

Se invece la donna non si conosce nella sua interezza e non è consapevole dello spirito guerriero inconscio che vibra dentro di lei e quindi si è identificata soltanto in archetipi ricettivi per il bisogno di conciliazione che guida le sue scelte, il suo inconscio la spingerà automaticamente in situazioni particolari in cui si dovrà incontrare con questa forza nascosta, dovrà scoprire un potenziale che non conosce, ma solo perché deroga dall'unico modello archetipico che si è voluta concedere. Automaticamente e senza alcuna volontà, potrà attirare nella sua vita persone molto aggressive da cui dovrà difendersi e che la inizieranno ad una modalità di esprimersi che promuoverà crescita ed autodeterminazione.

Secondo l'astropsicologia, è questo spesso il caso della donna con il Sole in Bilancia, oppure un forte nucleo di pianeti in segni femminili quali i Pesci o il Cancro, che contemporaneamente presenta un Marte posto in Segni di Fuoco o che si lega al Sole: gradualmente la donna comprenderà che non potrà più fare accumuli di quest'energia, ma dovrà cominciare ad agirla e temperarla con la sua parte più ricettiva, nella quale le piace riconoscersi, per fronteggiare la paura che l'altra parte le infonde.

Nel caso invece la donna si sia identificata totalmente nel suo Marte di Fuoco, non riconoscendo il valore della conciliazione e di come sia affidato principalmente al femminile la difesa di questo valore, sarà costretta a ridimensionare la parte Animus della sua personalità, recuperando valori personali soggettivi, che le permetteranno di ricongiungere sé stessa alla radice più profonda della sua identità.

Scrive Emma Jung nel suo "Animus e Anima": "Molte donne, pur avendo studiato e pur svolgendo una professione di tipo maschile-intellettuale, non sono mai venute a capo del problema dell'Animus. Un tipo di educazione e un modo di vivere esclusivamente maschili possono infatti aver luogo solo sulla base di una soppressione della femminilità. E' invece fondamentale che il Logos presente nella psicologia femminile venga integrato al modo di vivere e alla personalità della donna, in modo tale che i fattori maschile e femminile cooperino armoniosamente e che nessuno di essi sia condannato a restare nell'ombra". [22]

Quando l'archetipo è stato ben armonizzato con la parte femminile perché la donna non ha perso il contatto con le profondità emotive della sua anima, sarà anche in grado di riconoscere quando attivare l'Animus guerriero che è dentro di lei e quando metterlo a tacere; quando servirsi della parte maschile della sua natura, quella che le impone di osare e battersi per i suoi principi e quando rivolgersi a quella femminile, perché ha

---

[22] E. Jung, Animus e Anima, Bollati Boringhieri, 2009, pag.44

imparato a conoscere i suoi bisogni e a non avere paura delle sue reazioni.

La freddezza emotiva.

L'archetipo Artemide è anche messo in relazione con le Lune nei Segni d'Aria, in Gemelli, in Bilancia o in Acquario, ma anche toccate da Mercurio, pianeta dell'intelligenza e del distacco mentale.

Se da una parte la donna sarà in grado di vivere con naturalezza l'aspetto più evoluto di Artemide, non solo quello collegato alla "capacità di sorellanza" che è la radice fondante della solidarietà femminile, ma anche quello che la spinge verso obiettivi sociali più allargati e non solo circoscritti al proprio habitat più ristretto, per altri versi ci potrà essere il rischio di distaccarsi troppo dal lato istintivo, quello più spontaneo della sua natura.

Il bisogno di razionalità infatti, d'intellettualismo esasperato che è tipico dell'energia Aria di questi Segni zodiacali, la tendenza a razionalizzare tutto e a rifugiarsi nel Logos, forse per la semplice paura di abbandonarsi all'Eros, possono far perdere alla donna il contatto col suo istinto, la sua dote più ricca ed autentica, esponendola così a scoprire la sua parte "selvaggia" e ad utilizzare in maniera appropriata una diversa energia.

Il fatto che Artemide fosse ricordata come dea della caccia e degli animali selvaggi infatti, mette l'accento sul lato istintuale e viscerale della natura dell'archetipo, un substrato profondamente innato che non dovrebbe essere represso, ma trovare una compensazione nella capacità di moderazione, di misura e centratura che è la caratteristica più bella di questa categoria di Dee.

Proprio perché il mondo di Artemide era quello dei boschi e dei luoghi selvaggi, simbolo del regno dell'inconscio dove si agitano gli istinti e le pulsioni primarie non ancora redente, è possibile che nella donna che predilige quest'archetipo divino ci sia un pozzo di forza istintiva che non andrebbe negato, per evitare che la donna ne venga travolta nell'attimo in cui vi entrerà in contatto quando - per esempio - s'innamorerà, o quando si accorgerà di trovarsi in estrema difficoltà di fronte a situazioni che non sa gestire a livello emotivo, perché ha preferito fare ricorso alla qualità Aria della sua natura, sempre in grande difficoltà con le emozioni e con l'impulso vitale.

Negare i propri sentimenti, non ascoltare le onde emotive che scuotono il suo cuore, può trascinare la donna Artemide in situazioni di confine, in cui sarà necessario riconoscere alcune parti di sé troppo a lungo negate, troppo a lungo represse e che chiedono soltanto di essere comprese, accolte e poi aiutate a crescere.

Scrive Clarissa Pinkola Estes nel suo "Donne che corrono coi lupi": "Invece di cercare di comportarci bene, di non sentire la nostra collera o di usarla per far terra bruciata per chilometri all'intorno, è meglio invitarla a sedere accanto a noi a bere un tè, a conversare un pò per scoprire che cosa ha convocato questa visitatrice". [23]

Nutrire l'orso.

Per ritrovare la sua radice istintuale, quella più sana e vitale di cui lei dispone, la donna Artemide avrà bisogno d'isolarsi e concentrarsi sulla luce da fare sul suo mondo interiore. La "dea che porta la luce" sarà spinta a cercare un'illuminazione interiore, per visualizzare quanto di sé ancora non conosce. Così come Artemide faceva perdere le tracce di sè rifugiandosi nel folto dei boschi, allo stesso modo la donna può trovare conforto nel contatto con la natura, con quei posti che le sono familiari e in cui potrà sentirsi libera e centrata.

E' questo spesso il caso di chi abbia la Luna in Sagittario, la Luna degli stranieri, dei viaggi, delle terre diverse, che inclina la donna a non abbandonare la capacità d'ascolto delle sue "diversità". La Luna in Sagittario, così mobile e fiduciosa nella conquista dei suoi ideali, così candida e generosa nell'accogliere gli altri, è pur sempre una Luna di Fuoco, che ha bisogno di esprimersi con passione e spontaneità, senza aver timore di utilizzare quest'energia, perché ne avverte la potenzialità distruttiva.

In tutte quelle fasi in cui la donna Artemide sente di stare perdendo contatto con sé stessa e con la sua autenticità, quando sarà difficile conciliare l'Aria col Fuoco, potrà affidarsi con coraggio all'abbraccio della Natura, tornando nei luoghi a lei più cari; sarà lì che toccherà nuovamente la sua radice più vitale, perchè potrà analizzare le sue scelte e le sue priorità e finalmente scegliere senza fare compromessi.

Tornando indietro al suo passato e riprendendo in mano la sua storia personale, potrà gradualmente rintracciare le motivazioni che la obbligano a

---

[23] C. P. Estes, Donne che corrono coi lupi. Frassinelli 2009, pag. 383

mettere in atto determinati schemi comportamentali, cattive abitudini che si sono fatte automatiche e che spesso risalgono alla sua prima infanzia.

Potrà valutare quanto dei suoi atteggiamenti le appartiene, la rappresenta e quanto è invece il frutto di una risposta o d'accoglienza o di rifiuto ai modelli genitoriali che sono stati passati. Solo a quel punto potrà riconoscere il grande valore dell'azione, della lotta per conquistare ciò che davvero le interessa, senza per questo dover penalizzare le richieste della sua più intima natura di donna, la ricchezza e la bontà del suo cuore.

A questo proposito si può citare quel passo del mito collegato alla dea e all'orso di Brauron.

Artemide Brauronia.

Abbiamo ricordato come le madri ateniesi consacrassero le loro figlie alla dea, che per il collegamento di Artemide con l'orso, venivano chiamate "arktoi, piccole orse" ed eseguivano in suo onore una danza che ricordava la loro consacrazione. In particolar modo, alcune di loro dovevano restare per un certo tempo al servizio della dea ed occuparsi delle cerimonie legate al suo culto.

Questo periodo di servizio forzato trova la spiegazione in uno dei miti collegati ad Artemide Brauronia, dove si narra come un orso avesse l'abitudine di aggirarsi nella città di Brauron, in Attica, dopo che i suoi abitanti avevano iniziato a nutrirlo, affezionandosi a lui e trattandolo con ogni riguardo. Fu così che l'orso si spinse fino al tempio della dea ed aggredì una fanciulla che incautamente le si era avvicinata. Per vendetta, i parenti della fanciulla avevano ucciso l'orso, mandando la dea su tutte le furie, a tal punto che Atene sarebbe stata da lì a poco afflitta da una terribile pestilenza.

Quando i saggi della città interrogarono l'oracolo per porre fine alla carestia, gli fu risposto che le bambine ateniesi avrebbero dovuto "trasformarsi in orse", solo così si sarebbe potuta placare l'ira della dea. "Fare l'orsa" diventava obbligatorio per ogni ragazza che volesse passare dallo stato di fanciulla (Kore) a quello di sposata (Nymphe) e quindi simbolicamente dallo stadio infantile alla maturità.

Questo mito è molto significativo perché riassume le varie dicotomie presenti in quest'archetipo divino, tirate tra la spinta all'azione e all'antagonismo e il contemporaneo bisogno di dolcezza e tenerezza; tra il

61

bisogno di controllo mentale e la ricerca inconscia di quella parte focosa ed impulsiva che l'archetipo contiene.

Così, "Nutrire l'orso" significa anche sfamare quei lati selvaggi e primitivi del proprio sé che inducono la donna a ripetute rimozioni e negazioni, perché troppo spaventata dal possibile incontro con una parte della propria essenza, difficile da accettare e da gestire. A questo proposito, si può riportare la fiaba giapponese dell' "Orso della Luna crescente", che rievoca le stesse dinamiche e conclusioni psicologiche del mito di Artemide.

La fiaba de "L'Orso della Luna Crescente".

La fiaba giapponese "Tsukina Waguma", "L'orso della luna crescente", invita a riflettere sull'eventualità che l'archetipo dell'Animus nella donna impieghi diverso tempo prima di essere personalizzato ed integrato dalla coscienza e tenda invece ad essere vissuto di riflesso attraverso le figure maschili della sua vita, fin quando la donna non riuscirà ad illuminarlo e ad esprimerlo in prima persona.

"C'era una volta una giovane che viveva in un bosco di pini. Il marito l'aveva lasciata per combattere una lunga guerra e lei non vedeva l'ora che tornasse a casa per dividere nuovamente tutto il tempo con lui. Quando finalmente ritornò era cambiato nel carattere e nei modi".

In questo primo passaggio, incontriamo subito una giovane donna che vive in un bosco e quindi simbolicamente, nonostante la giovane età, possiede già sentimenti estremi e potenti, di forza appassionata ma inconscia. Il fatto che il marito sia lontano a combattere una lunga guerra mentre lei lo aspetta passiva, mette l'accento sul ruolo rinunciatario dell'Animus della donna, che ha spostato fuori di sé la capacità d'azione, di fare scelte autonome e soprattutto in linea con la sua volontà e che viene vissuto nella sua parte attiva solo di riflesso, attraverso una figura maschile.

La proiezione psicologica è il primo grande strumento che l'individuo ha per comprendere bene la sua natura, per riconoscere quanto di quello che è proprio viene spostato all'esterno perché troppo avulso dall'idea che si ha di sé e in cui ci si è maggiormente identificati e quanto invece fa parte della base fondante della personalità, valori a cui non si intende rinunciare, perché indispensabili a garantire un sano senso di sé.

"Quando il marito fu congedato, tornò a casa ma incattivito. Si rifiutò di entrare nella casa perché si era abituato a dormire sulle pietre e soprattutto non aveva intenzione di dividere nulla con la sposa, che aveva amato teneramente prima della guerra; la rifiutava e rifiutava quello che lei cucinava per lui, dimostrandole una rabbia furiosa ogni qual volta lei gli si avvicinava. La sposa era sbalordita da questo comportamento e profondamente rattristata, a tal punto che era andata a cercare l'aiuto di una vecchia saggia che viveva lontana e che le aveva promesso d'aiutarla, ma solo dopo che lei si fosse procurata un pelo dell' "Orso della Luna Crescente"; avrebbe dovuto lasciare il bosco e scalare la montagna fino alla tana dell'orso e, fronteggiando la sua ferocia, strappargli un pelo dal manto e portarlo a lei, solo a quel punto il marito sarebbe tornato lo sposo devoto ed affezionato che era un tempo".

E' questo il momento in cui la donna entra in contatto con un'esigenza di cambiamento, di solito riflessa dalla situazione difficile che sta attraversando, perché tra il suo mondo interiore e quello esteriore si crea una frattura, uno squarcio che colpisce le sue illusioni; il mondo esteriore crolla e la donna ha bisogno di allontanarsi simbolicamente da tutto e tutti, intraprendendo un viaggio interiore attraverso il quale analizzare sé stessa, la completezza delle sue motivazioni ed il perché dei risultati deludenti o dolorosi che le sue scelte hanno provocato.

La presenza dell'orso ci orienta subito su qualità specifiche che si possono acquistare in questo viaggio di ricerca nel mondo dell'inconscio: forza, lealtà, saggezza. Erano queste le qualità che i giapponesi attribuivano all'orso, onorandolo come animale sacro e "ponte" tra la Terra e il Cielo; in più, quello della Luna Crescente, con il suo pelo latteo sulla gola, è simbolo di massima spiritualità che la tradizione orientale collega alla dea buddista Kuan-Yin, la dea della guarigione e della compassione, il cui emblema è la luna crescente, così come lo era per Artemide nel mito greco.

"La giovane sposa non esitò un attimo a compiere il viaggio, lasciò il bosco, raccolse poche cose e cominciò a scalare la montagna, non dimenticando di ringraziarla ad ogni passo: "Arigatò zaisho", ripeteva mentre saliva rapida e decisa e gli alberi della montagna s'inchinavano e la lasciavano passare. Man mano che procedeva, il viaggio si faceva sempre più faticoso; le rocce su cui poneva i piedi erano aspre e dure e la ferivano e intorno a lei si affollavano cupi uccelli neri; in Oriente simboleggiano lo spirito dei defunti che vogliono essere onorati e rispettati. La sposa li onorava inginocchiandosi e ripeteva: "Arigatò zaisho" e gli uccelli la lasciavano e volavano via. Salì fino a vedere la neve in cima alla montagna e non esitò ad attraversare il gelo che le stava intorno; la neve le entrava dappertutto congelandola, ma lei continuava a salire e a ringraziare, fino a che i venti non soffiarono più forte e riuscì a raggiungere la cima della montagna e una piccola caverna nella quale trovò rifugio".

I molti ostacoli che incontra la donna durante il viaggio sono il simbolo delle difficoltà emotive che s'incontrano nel compiere il percorso introspettivo, un passaggio iniziatico in cui è frequente ferirsi ma che viene accolto con forza d'animo e coraggio, per quel bisogno di completezza che è insito in ogni donna e che è più forte della paura.

"Passò la prima notte e non appena si svegliò la giovane sposa si mise subito alla ricerca dell'orso che vide in tutta la sua maestosità e ferocia. Quando l'orso fu entrato nella sua tana, lei prese del cibo che aveva portato con sé e lo mise non lontano dalla tana perché il suo profumo potesse arrivare all'animale. Così fu. L'orso uscì dalla sua tana e subito scorse il cibo che divorò in un sol boccone, poi si girò senza vedere la fanciulla e rientrò nella grotta. Andò così per molte sere: la giovane poneva il cibo nei pressi della tana, l'orso usciva e mangiava per poi rintanarsi di nuovo, non senza aver ringhiato ed emesso suoni che facevano tremare la ragazza in ogni fibra del suo essere. Finalmente, l'ultima sera, la giovane trovò il coraggio di porre il cibo proprio fuori della tana ed aspettò che l'orso uscisse per mangiare. Una volta uscito, l'animale si accorse della donna e ringhiò con tutta la sua forza, allungò le zampe per afferrarla e fu a quel punto che lei lo pregò così: "Per favore, caro orso, ho bisogno di una cura per mio marito, è per questo che ti ringrazio per aver accettato il mio cibo; per favore, puoi darmi un pelo della luna crescente che hai sulla gola? Solo se potrò averlo, mio marito guarirà dalla sua ira". L'orso si stupì molto che una ragazza così giovane gli si rivolgesse con tanto coraggio, ma per premiarla del fatto che l'aveva nutrito, le permise di strapparle un pelo dal suo manto. La fanciulla non se lo fece ripetere due volte, si arrampicò veloce lungo il collo dell'orso e con il pelo strappato si diede svelta alla fuga, correndo ed inciampando lungo la via, ferendosi e cadendo più volte ma sempre ripetendo "Arigatò zaisho, arigatò zaisho"; lo ripeteva alle rocce che le ferivano le ginocchia, lo ripeteva agli alberi che le sbarravano la via, lo ripeteva ai rovi che le graffiavano il viso. Fu così che arrivò dalla vecchia saggia e le consegnò tutta festosa il capello; adesso l'avrebbe potuta aiutare a far tornare il marito quello che era, un uomo buono, gentile e innamorato".

Il momento del confronto con l'orso è il momento della verità, il momento in cui si guarda in faccia la propria aggressività, ci si confronta con lei senza indietreggiare, per l'angoscia che procura questa rivelazione; la possibilità di riconoscere le parti inferiori della natura umana è un grande atto di coraggio, è la chiave d'apertura di una nuova porta nella psiche, che permette di visualizzare dimensioni e territori nuovi che non si supponeva esistessero, ma che sono lì innati, per essere attraversati e superati.

"La vecchia la guardò, le sorrise e in un attimo gettò il pelo nel fuoco, tra le urla di disperazione della fanciulla che non comprendeva cosa stesse facendo. "Perché mi fai questo? Perché?" le chiese e quella girandosi e con un sorriso dolce sulle labbra le disse: "Ricordi tutto quello che hai fatto in questo viaggio? Ricordi la fiducia che hai usato verso l'orso, la pazienza per arrivare, la gentilezza che hai usato con chi ti feriva? Bene figlia mia, torna a casa e fai lo stesso con tuo marito".

La fiaba gira tutta intorno ad un punto cruciale: si può ottenere la cura per il proprio Animus ferito solo una volta che si sia onorata la propria parte vulnerate e offesa, che continua ad alimentare una parte del Sé che rimane in collera. Il nutrimento che la donna dà all'orso è simbolo del nutrimento che bisogna dare a questa parte, che non è stato possibile riconoscere nell'esperienza di vita perché sottoposta a giudizio dall'Io civilizzato e quindi rimossa e negata. Le grandi prove che attraversa la fanciulla con forza interiore e buona volontà sono la conferma che nella psiche di ogni donna ci può essere la capacità di elaborare queste parti negate, facendo pace con sé stessa e predisponendosi anche a migliorare.

Infatti, non sottraendosi all'incontro e al riconoscimento di questa parte interna profondamente risentita, ringraziandola per l'opportunità che le dona di fare luce, di elaborare anche le emozioni più negative, la donna Artemide che è stata "vulnerata" può permettersi di vivere la parte più bella dell'archetipo racchiuso in questo mito: la capacità di compassione e di accoglienza nei confronti di chi le chiede aiuto, la capacità di diventare "madre di sé stessa", "Luna per sé stessa", di amarsi, accettarsi e perdonare le sue manchevolezze.

Scrive ancora la Estès in "Donne che corrono con i lupi": "Tutte le emozioni, inclusa la collera, portano sapienza e penetrazione, ciò che alcuni chiamano illuminazione. La nostra collera può farci da maestra, possiamo usare la sua luce per vedere là dove di solito non riusciamo a vedere. Il ciclo della collera è come tutti gli altri cicli: monta, cala, muore e si libera sotto forma d'energia nuova; l'attenzione rivolta al riconoscimento della collera avvia il processo di trasformazione".[24]

Ogni donna può fare questo, può rivolgersi alla sua "vecchia saggia", la guaritrice interiore e prendersi del tempo per accogliere la nuova verità; a conclusione di questo percorso impegnativo e certamente non facile, potrà acquistare la conoscenza e la padronanza delle proprie emozioni e solo a quel punto potrà servirsi di una delle più belle qualità di Artemide: scoccare la freccia e fare centro.

Artemide, l'arciera infallibile.

Una qualità specifica della dea Artemide era la sua capacità di tirare con l'arco senza mai sbagliare la mira.

A questo proposito, può essere utile introdurre il valore dell'arco nella tradizione giapponese, dove il "kyudo" fa di quest'arte molto di più di una disciplina sportiva; inserito nelle arti marziali, il tiro con l'arco diventa una ricerca di consapevolezza, una dimensione psichica capace di riunire forze interne duali che trovano un punto d'incontro nel centro interiore, prima ancora che nel centro del bersaglio.

La pratica del tiro con l'arco faceva parte di tutte quelle discipline votate ad ottenere la massima concentrazione che propone in generale la tradizione orientale ed in particolare la filosofia Zen: l'arte dei giardini, la calligrafia, la cerimonia del tè, l'ikebana, il tiro con l'arco sono pratiche meditative capaci di coltivare lo Spirito interiore, che si rivela all'esterno attraverso la forma, la bellezza e l'armonia.

---

[24] Ibid., pag. 382

In sostanza, il tiro con l'arco incarna in maniera perfetta quello che la filosofia Zen persegue, perché, se pur tradizionalmente derivante dalla "via del guerriero" (Bushido), fa della meditazione e della conquista del controllo mentale la sua massima espressione, attraverso l'aspirazione ad uno stato di distacco che non è mai indifferenza, ma viva partecipazione.

Il termine "Meditazione" deriva dal termine latino *meditatio*, che indica l'azione stessa di meditare, riflettere, pensare. La radice del termine è collegata a *medius*, che è in mezzo, al centro, centrale, a cui s'aggiunge *fidius* che deriva dall'espressione *"me Dius fidius"*, messa in analogia a qualcosa che, proprio perché legato al Divino, si fa certo, infallibile. Si tratta quindi di un'azione che si fa giusta proprio perché è stata ben ponderata, è stata meditata.

In tal modo "meditare" non significa "non fare niente", ma "agire centrato", o agire in piena coscienza. I taoisti parlano di *Wuwei* che si può tradurre come "non-intervento" o "non-ingerenza", è l' "agire cercando di non intervenire". Infatti, quando l'arco è stretto nella mano, la corda è tesa, gli occhi al bersaglio e l'intenzione si concentra sul centro, il *Wuwei*, lo scoccare la freccia, diventa il "non-intervento" se non nel rilasciare la tensione del corpo e, sotto la guida del soffio (Qi) e dell'intenzione (Yi), la freccia raggiunge il centro (Zhong) del bersaglio (Dong). E' l' "agire senza intervenire" (*Wei Wuwei*)."

Ma ciò che guida la mente non è mai l'antagonismo o la brama di vittoria, né la maestria o la conoscenza della tecnica, quanto il raggiungimento del perfetto equilibrio tra corpo, mente e anima, tra razionale e irrazionale, tra materiale e spirituale. L'arco e l'arciere diventano una cosa sola: mente, corpo ed anima sono allineati a tal punto da diventare il bersaglio stesso, prima che la freccia faccia centro.

La fondamentale differenza tra il tiro con l'arco occidentale e quello orientale è quindi tutta impostata sul fine da raggiungere che è essenzialmente spirituale ed etico: sbagliare un tiro non è un fallimento, perché non c'è un Ego da sfamare, è solo un'opportunità di miglioramento non solo della disciplina esterna, ma della propria maturazione, della propria integrità, della propria individuazione.

L'arco giapponese si distingue da qualsiasi altro arco non solo per il fine della disciplina ma anche per le dimensioni; è lungo circa m. 2,20 ed ha una curvatura asimmetrica.

Leggiamo cosa scrive il maestro d'arco Nyosekan Hasegawa ne "La bellezza della cerimonia": "Mi chiedo da dove sia derivata la bellezza dell'arco. Nessun altro arco al mondo possiede sinuosità eleganti come quelle dell'arco giapponese. La curva di molti archi nel mondo ha una forma semicircolare ordinaria, con l'impugnatura al centro, mentre l'arco giapponese ha l'impugnatura posta asimmetricamente a circa un terzo della sua lunghezza totale, che lo divide in due distinte curve, entrambe formanti una continua elasticità di potenza, distribuita per l'intero arco, al fine di creare una perfetta condizione d'equilibrio. La curva sotto l'impugnatura viene considerata maschile e di qualità dinamica, mentre la curva superiore dell'arco, vicino alla punta, viene considerata femminile, delicata come la figura di un'elegante principessa".

Maschile e femminile, Yang e Yin, Animus e Anima, Sole e Luna s'incontrano nell'equilibrio perfetto espresso dall'arco, ne forgiano la bellezza, l'armonia e il mistero; come tutte le pratiche meditative orientali, spesso ridicolizzate dal mondo occidentale, sono il modo più immediato per esprimere la Verità, per passare dall'apparenza alla sostanza, dalla sovrastruttura alla struttura.

Fondamentale in queste discipline è la tensione a ricomporre gli opposti, la tematica cardine della filosofia junghiana; è la consapevolezza distinta del valore dell'essere maschile e di quello dell'essere femminile; dell'essere attivo e dell'essere ricettivo e della capacità di mantenerli costantemente in equilibrio attraverso la tensione dell'energia libidica, riconoscendone l'importanza individuale, specifica e peculiare dell'uno e dell'altro, nonché l'occasione di servirsi dell'uno o dell'altro nell'esperienza di vita.

Nella donna Artemide, in particolare in quest'archetipo divino, c'è la possibilità di raggiungere tutto questo. Riconoscendo le motivazioni che la spingono verso la lotta e rimanendo veritiera con sé stessa, la donna Artemide acquista quella lungimiranza e quella consapevolezza che porta l'illuminazione, pronta a "portare la fiaccola della luce" al resto del mondo.

L'ARCHETIPO HESTIA

*"Hestia regina, figlia di Crono potente, che hai la casa
in mezzo al fuoco perenne, consacra tu questi santi iniziati nei riti,
rendendoli sempre felici, sereni, puri,
dimora degli déi beati, sostegno dei mortali, eterna,
multiforme e beata, accogli queste offerte,
spirando prosperità".*

(Da "Inno orfico ad Estia")

Hestia

Hestia, Vesta per i Romani, la dea dei templi e del focolare, è la terza delle "dee Vergini", una dea senza immagine, ma non per questo non altrettanto rispettata ed onorata come gli altri dei.

Figlia primogenita tra le figlie di Cronos e Rea, ingoiata per prima dal padre e liberata per ultima, è il simbolo archetipico della forza interiore che si raggiunge in solitudine, attraverso l'incontro con la propria interiorità, col contatto prolungato col proprio fuoco creativo, che si riaccende e viene vivificato dalla verità personale.

Non a caso, la dea era venerata come custode del fuoco sacro che ardeva nel focolare, non solo quello dei templi ma anche delle case in cui occupava un posto centrale; infatti, il suo simbolo era un cerchio, così come circolare e centrale era il manufatto che accoglieva il fuoco.

Tra le "dee Vergini" era la maggiore, ma a differenza di Athena ed Artemide, dee invocate per dare sostegno nella vita pratica di tutti i giorni, Hestia proteggeva i templi e l'architettura domestica, messi in stretta analogia nella psicologia mitica sia con la tensione allo spirituale che vive nell'animo umano, sia con quella dimensione di massima concentrazione che permette di poter raggiungere una coscienza "focalizzata" soggettiva, capace di dare senso e significato alle scelte personali.

E' per questo che l'introversione "estiana" diventa il prerequisito per individuare le priorità, per visualizzare ciò che è scevro dal bisogno, ma fonte di soddisfazione e gratificazione, al di là delle pressioni ed aspettative che arrivano dalla massa, ma anche dai bisogni interni che possono sviare la conquista della conoscenza di sé stessi e della propria natura essenziale.

Tra le "dee Vergini", Hestia era la più polarizzata, la più centrata, ma anche onorata per questa particolarità, a tal punto che nessuna abitazione poteva considerarsi sacra se non dopo l'accensione del suo fuoco; è per questo che era in uso nell'antica Grecia per la fanciulla che andava sposa, che lasciasse la casa paterna portando con sé una parte del fuoco che ardeva nella casa del padre, per accenderlo poi nella propria e garantire così alla sua casa sacralità e continuità.

E' il passaggio ed il riconoscimento dell'integrazione tra i valori del patriarcato, con le sue regole e norme da rispettare, e quelli del matriarcato, con la forza creativa e vibrante del sacro femminino.

Così come il mito ce la riporta come primogenita di Cronos, a cui avrebbero poi fatto seguito gli altri dei, altrettanto fondamentale ci appare il suo archetipo come prerequisito dell'azione illuminata, quella che fa seguito alla ricerca della conoscenza interiore perché l'azione esteriore possa poi acquistare senso, in base alla scala personale di valori che è stata definita.

Il suo focolare, che rimanda a doti di edificazione e centratura, ricorda la forma dei mandala orientali, simbolo di completezza e totalità.

Scrive Jung in "Ricordi, sogni, riflessioni": "Il mandala è un'immagine archetipica la cui presenza è confermata attraverso i millenni. Esso indica la "totalità del Sé", ovvero rappresenta la compiutezza del fondamento psichico, la divinità incarnata nell'uomo". [25]

Ed è proprio il silenzio, collegato all'archetipo Hestia, quello che assume un valore di vitale importanza nella fase iniziale del processo d'individuazione, quando – sotto le pressioni dell'inconscio – la mente può restare disorientata e confusa per le molte sollecitazioni irrazionali che salgono da sotto e non si riescono a spiegare. Nella sacralità del silenzio infatti, si può recuperare quella dimensione psichica che può isolare dai tumulti emotivi e permettere l'incontro con l'inconscio senza causare traumi e i timori che sempre si rivelano al primo contatto tra le due dimensioni.

Si tratta di uno spazio intimo e privatissimo in cui l'uomo e la donna possono ritrovare sé stessi, l'unico luogo in cui si può toccare la propria anima e quindi la propria interezza, la propria verità, senza giudicarla o ritrarsene perché intimoriti dalle sue rivelazioni.

L'archetipo potrebbe quindi rievocare l'elemento astrologico dell'Aria, da sempre messo in analogia con la capacità di distacco e con l'invito a raggiungere l' "Io osservante" di cui parlava Jung, che permette di osservare da fuori una situazione complicata a livello emotivo, senza parteciparvi se non come osservatore.

Ma l'archetipo ha anche una valenza ombra, che deve essere riconosciuta e controllata per impedire che la donna che si sia identificata soprattutto in questo modello divino venga rapita in una dimensione in cui l'introversione e l'esasperata ricerca d'isolamento conducono alla freddezza e al congelamento di ogni impulso vitale, un territorio di privazione in cui si preferisce rifugiarsi non tanto per un bisogno di contatto con la propria interezza, quanto per timore del confronto, per un altrettanto irresistibile bisogno di fuga da ciò che può spaventare e turbare l'equilibrio interiore raggiunto, che spesso è solo apparente e ancor più esposto ad essere vulnerato.

---

[25] C. G. Jung, Ricordi, sogni, riflessioni, BUR, Milano 1998, pag. 223

E' per questo che l'archetipo si incontra spesso nelle Lune nel dodicesimo settore dell'oroscopo che, tendenzialmente schive e bisognose di riservatezza, nonché di conquistare uno spazio emotivo che tranquillizzi e rassicuri, ricevono poi pressioni da pianeti più dinamici che le invitano ad esprimersi nel rispetto della propria totalità, assecondando il bisogno d'introspezione e segretezza senza dover per questo rinunciare al mondo e a quel confronto con gli altri, che può far crescere e soprattutto elaborare le ombre che altrimenti resterebbero ingabbiate.

E il mito ancora una volta ci viene in aiuto perché l'archetipo possa esprimersi al meglio senza deviazioni o identificazioni dannose.

Infatti, la dea Hestia veniva associata a tre divinità maschili, Apollo, Poseidone, ma soprattutto ad Hermes, il dio degli scambi e della parola, il viandante divino.

I primi due cercarono di far innamorare di loro la dea ma senza riuscirci. Apollo, dio del Sole, simbolicamente messo in relazione col principio di Logos, in cui logica e ragione primeggiano su tutto, fu rifiutato al pari di Poseidone, il dio del mare, messo in relazione con le emozioni travolgenti che inondano la coscienza e minano la lucidità e la fermezza mentale, quando sia costretta ad incontrarsi col dominio dell'inconscio.

Se la donna riesce a non farsi travolgere dalle pressioni di un Animus troppo rigido, che la spinge a rinunciare alla sua parte istintiva a favore solo di argomentazioni e connessioni logiche, preposte a spiegare anche l'inspiegabile, a sospettare e rifiutare tutto ciò che non sia inquadrabile in un'ottica ideale, alla ricerca ossessiva di motivazioni e nessi causali che abbiano un senso e quindi impedisce alla coscienza di pensare e controllare l'esperienza, prima ancora di viverla; se riesce a non perdersi in un mare di sensazioni irreali ed artefatte, in cui cadere vittima delle sue stesse idealizzazioni che confondono ed annacquano la mente, ma resta centrata nel rispetto del suo essere "sacra" in quanto fonte di vita, integra ed importante soprattutto a sé stessa, riesce ad onorare la dea Hestia che è dentro di lei, riprendendo il contatto con la sua anima, con la sua vitalità, col suo fuoco creativo.

Diversa è invece la relazione che il mito vuole tra Hestia ed Hermes, un incontro benefico ed equilibrato, che si può ritrovare nel binomio astrologico Venere/Mercurio quando sia ben elaborato ed integrato nella ricchezza del suo potenziale.

Mentre Hestia non viveva nell'Olimpo, già sottolineando in questa particolarità la sua singolarità ma anche l'umanità di fondo che si ritrova in quest'archetipo divino, Hermes era l'unico che poteva andare e venire a piacimento nei tre mondi dell'esperienza. È lui infatti che, con l'appellativo di Psicopompo, accompagnatore delle anime dei defunti, già attribuito al dio egizio Anubis "la guida dei cammini d'oltretomba", scende agli Inferi per aiutare Persefone rapita da Ade e la riporta alla madre che non si dava pace per la sua perdita improvvisa ed è lui che conduce Ulisse attraverso gli Inferi in cerca dell'amico morto, per poi farlo tornare ai suoi compagni che lo attendono in superficie.

I due vengono associati nel mito, sebbene opposti, per quella necessità che avevano gli antichi di conciliare archetipi diversi e quindi diverse esigenze emotive: infatti, tanto Hestia era preposta a proteggere l'interno delle case e quindi simbolicamente la sfera animica, la radice stessa della spiritualità, tanto Hermes era preposto a proteggerne l'esterno, la soglia come apertura al mondo, Hermes era "l'andare oltre la soglia", in maniera tale che dalla collaborazione dei due archetipi si potesse avere uno scambio ottimale fra il dentro ed il fuori, tra l'azione e l'introspezione, tra il silenzio e la parola, tra il pensare e il sentire, senza la prevaricazione di un archetipo sull'altro e quindi la perdita importante di una parte di sé, che restava muta.

E' per questo che Jung parla del dio come Hermes Kyllenios "il causatore delle anime", perché - grazie alla sua funzione di mediazione -, possono aprirsi spazi liminali dove i vari processi psichici possono essere elaborati.

Hermes ed Hestia diventano così due archetipi di "costruzione" ed è interessante notare come il nome greco del dio derivi dal termine "herma", mucchio di pietre, perché proprio i tumuli di pietre ammassati lungo le vie in posti strategici diventavano punti di riferimento all'esterno, necessari ai viandanti per non perdere la strada, per orientarsi anche nei luoghi più desertici e desolati, coltivando la certezza che fosse proprio quella la giusta direzione. Così come il manufatto di pietra in cui ardeva il fuoco sacro era il punto di riferimento all'interno delle case.

Ciò significa che si può "tornare ad Hestia" e quindi rientrare in contatto col proprio centro interiore, in tutti quei momenti in cui confusione e perdita di direzione rischiano di interrompere il percorso d'individuazione; grazie all'uso equilibrato di entrambi gli archetipi, si può dare significato alle proprie scelte, si possono confermare o meno i propri valori, perché ci si sarà aperti alla comunicazione all'esterno, senza perdere il contatto con sé stessi.

E' per questo che la funzione "estiana" della psiche partecipa attivamente ad un atto religioso, dal latino "re-ligere", "riunire" e cioè riuscire a visualizzare le spinte polari della propria natura, comprese quelle più primitive ed istintive senza ritrarsene, ma accogliendole come una parte di sé, ma non "tutto di sé" perché, solo dopo questo atto di riconoscimento e materna accettazione, sarà più chiaro ciò che va conservato perché fonte di senso e ciò che va modificato o lasciato andare, perché superato ed inutile alla propria evoluzione.

LE DEE VULNERATE

*"Alla radice di ogni malattia, sia fisica che psicologica
risiede una ferita sostanziale".*
M. Balint

La seconda categoria di dee è quella delle "dee Vulnerate", dal latino "vulnus", "ferita".

A differenza della "dea Vergine", che fa dell'autonomia e dell'indipendenza i suoi principali valori, l'archetipo delle "dea Vulnerata" si ritrova di solito nella donna che ha necessità di stringere rapporti molto intensi con le persone a lei care, perché certa di potersi realizzare solo se in un rapporto in cui lo scambio viene giudicato come fondamentale, così come ne viene giudicato il grado d'intensità, che deve essere altissimo.

Le tre "dee Vulnerate", infatti, Hera, Demetra e Kore, che possiamo avvicinare ai tre modelli della "moglie", della "madre" e della "fanciulla/sposa", modelli che si sono dimostrati preponderanti fino a qualche tempo fa, intrattenevamo relazioni di tipo viscerale, in cui dare tutte sé stesse, ma anche esigendo di essere ricambiate con la stessa misura. Le "dee Vulnerate mettono sulla bilancia" l'amore e se non c'è equilibrio tra le parti finiscono per perderlo loro.

Sono quasi tutte relazioni che si basano sulla simbiosi, che impedisce però di prendere coscienza del valore personale, così come dei propri limiti.

Per questa tipologia di archetipo, quindi, si rivela anche fondamentale la scelta di un ruolo, che diventa necessario per colmare alcune inadeguatezze, alcune paure collegate all'abbandono o alla perdita. Il bisogno diventa così il legame che garantisce continuità, ma che fa permanere la donna in uno stato di continua allerta per il timore che si spezzi, da un momento all'altro, questo stato di apparente pienezza e felicità.

Per questo motivo, la donna che si sia identificata soprattutto in Hera, Demetra o Kore può essere incline a dipendere da un'altra persona per realizzare questo ideale, ma nello stesso tempo può esporsi al rischio di soffrire per inevitabili stati di perdita, d'abbandono e tradimento, proprio da parte delle persone da cui lei si è resa dipendente.

L'Archetipo Hera, la moglie

Racchiusa nei grembi cerulei, aeriforme
Hera di tutto sovrana, beata compagna di Zeus
che offri ai mortali brezze gradevoli che nutrono la vita,
madre delle piogge, nutrice dei venti, origine di tutto.
Senza di te nulla conobbe la natura della vita
perché mescolata all'aria santa tutto partecipi.

(da "Inno Orfico ad Hera")

La dea Hera, la Giunone dei Romani, sposa di Zeus, re di tutti gli dei, veniva onorata come protettrice delle nozze con l'appellativo di "Gamelia" e con quello di "Sygyzia" come dea del matrimonio. Grazie al ruolo che la vedeva moglie del re degli dei, era considerata la più potente tra le figure femminili dell'Olimpo e a lei ci si rivolgeva nel giorno delle nozze per assicurare al matrimonio stabilità e continuità, così come prestigio ed onore all'intero nucleo familiare.

La dea, infatti, era invocata nel momento di passaggio in cui, dalla condizione di figlia, la fanciulla passava in uno stadio di completezza, attraverso l'unione con un uomo e quindi diventava l'elemento fondamentale di una nuova famiglia, a cui dedicare sé stessa e la sua vita.

Alla dea era quindi riconosciuto un ruolo di superiorità rispetto a tutte le altre figure femminili dell'Olimpo, proprio per essere stata scelta da Zeus come sua ultima sposa e per questo onorata come elemento fondante della "coppia divina", prima ancora che per i suoi specifici requisiti di dea.

La grandiosità e maestosità di Hera si rintracciano nel suo stesso nome che significa "Signora", così come molto significativi sono gli altri appellativi che, basandosi sulla tradizione che le Stagioni fossero state sue nutrici, conferivano particolare importanza al suo culto, facendo di lei la garante dei cicli della vita.

Lo studioso di miti Robert Graves ne "I miti greci", ci riporta anche la sua qualità di dea lunare, collegata col calendario dei mesi: durante la primavera infatti, la dea veniva onorata come "Hera Parthenos", la fanciulla, la vergine, messa in relazione con la luna nuova e la luna crescente; in estate ed autunno, come "Hera Teleria", la sposa, la realizzata, con riferimento alla luna piena e in inverno si onorava come "Hera Chera", la vedova, la solitaria, associata alla luna calante. [26]

Il suo archetipo è quindi tra i più riassuntivi del percorso d'individuazione della donna e dell'esigenza propria della psiche femminile di riconoscere ed accettare i cicli della vita.

Lo Hieros Gamos, le nozze sacre.

Figlia di Cronos e di Rea, anche Hera subì la sorte degli altri fratelli

---

[26] R. Graves, I miti greci, Longanesi & C., Milano 1992, pagg. 41-45

quando fu divorata dal padre che temeva di essere spodestato da uno dei suoi figli. Liberata da Zeus, suo fratello gemello, Hera aveva trascorso la sua giovinezza in Argolide e fu lì che s'incontrò nuovamente con il re degli dei.

Mentre un giorno si trovava intenta a filare infatti, Zeus - che di lei si era innamorato alla nascita e voleva prenderla in sposa - le era apparso sotto forma di un cuculo smarrito e tremante, che aveva mosso subito a compassione il cuore della fanciulla; lei si era presa cura di lui, con carezze ed attenzioni, fin quando Zeus si era rivelato in tutta la sua maestosità, provocando a quel punto il rifiuto e lo sdegno della dea, che si era sentita ingannata. A causa di questo rifiuto, lui l'aveva posseduta contro la sua volontà e a quel punto Hera, costretta alle nozze, aveva preteso in cambio l'appellativo di "Regina di tutti gli dei".

La cerimonia nuziale fu molto fastosa e degna della coppia divina e si narra che la prima notte di nozze fosse durata trecento anni, per poi essere interrotta quando gli dei avevano deciso di dedicarsi al loro ruolo di regnanti sull'Olimpo. Il loro potere era immenso, ad Hera bastava agitarsi sul trono per incutere timore a tutti gli dei, così come bastava a Zeus minacciare di scagliare una folgore, per interrompere qualsiasi ribellione o lite che minacciava l'Olimpo.

Il suo archetipo è quindi una derivazione chiara dell'archetipo primario della Grande Madre, perché Hera veniva innanzitutto riconosciuta come figura protettrice e apportatrice di nutrimento, così come ci ricorda un passaggio del suo mito, che attribuiva l'origine della Via Lattea allo zampillare del latte fuoriuscito dal suo seno, che aveva inondato il cielo di cui era considerata regina.

Durante la vita coniugale, Hera aveva subìto da parte di Zeus molti tradimenti, che l'avevano vista reagire in maniera spietata non tanto nei confronti del marito, che giustificava sempre, quanto delle donne di cui lui s'invaghiva e che costringeva a giacere con lui sotto le forme più strambe in cui si tramutava. Per ricordarne solo alcuni, Zeus la tradì con la madre di Dioniso, Semele che fu incenerita per sbaglio dallo stesso Zeus, ingannato da Hera; con Callisto che l'ira della dea trasformò in orsa e che la pietà di Zeus pose come Orsa Maggiore tra le Costellazioni e infine con Eco, a cui Hera tolse la voce, costringendola a ripetere per sempre le parole pronunciate da altri.

Quando Hera si accorse che a nulla valevano i suoi tentativi per distogliere Zeus dai suoi tradimenti, fu solo a quel punto che si allontanò dalla reggia e cominciò a vagare per terre e per mari fin quando non decise di ritornare dal marito, ormai vinta e convinta del suo profondo amore.

La sposa di Zeus.

Come si può immaginare, nell'ambito della simbologia mitica psicologica, si tratta di un archetipo molto sfaccettato per le diverse implicazioni sia positive che negative che porta con sé, prima fra tutte quella che spinge la donna a ritenere come requisito prioritario alla sua realizzazione l'essere a fianco di un uomo; di solito, il suo massimo ideale è quello di creare una famiglia, l'aspirazione a prendersi cura del marito ancor più dei figli, fino al punto di rinunciare ad attivare altri modelli archetipici, che sarebbe fondamentali per la sua completezza.

La dea Hera è figlia di Cronos, il dio del tempo, e per la donna che abbia attivato quest'archetipo divino, quando "arriva il tempo di sposarsi" bisogna farlo. Al di là del reale coinvolgimento affettivo, che fa comunque dell'archetipo il massimo esempio di fedeltà ed amore coniugale, seguendo il bisogno di obbedire ai modelli collettivi per cui esistono tempi stabiliti per la propria realizzazione, la donna Hera è molto attenta a rispettare queste tappe evolutive, che rischiano di essere dettate dalle convinzioni collettive più che rispondenti ad una visione personale.

L'archetipo si ritrova poi con una certa frequenza nella donna che stenta a darsi valore se non si vede inserita in un certo contesto sociale, dove solo lo "stare in coppia", da tutti riconosciuto ed ufficializzato come massimo stato civile, può gratificare quell'immagine ideale che ha di sé stessa, ma soprattutto dell'uomo che le vive accanto, grazie al quale tende a brillare di luce riflessa.

Così come la luna brilla in cielo soltanto per la luce che riceve dal sole, allo stesso modo la donna Hera concentra la sua realizzazione e il suo appagamento nell'operare "di riflesso" e tende a spostare "il centro del mondo" fuori di sé; i suoi sentimenti sono i sentimenti dell'archetipo che Jung definiva della "Donna Anima", allegra e gioiosa quando la relazione è appagante, delusa ed infelice quando la vita gela le sue aspettative.

Non a caso, in Astrologia, è frequente rintracciare queste dinamiche psicologiche nell'opposizione Sole/Luna, o in una lesione nei settori quarto/decimo o quarto/settimo dell'oroscopo, che mettono l'accento sulla necessità inconscia della donna di scoprire i valori personali al di là di quanto potere e prestigio assicuri la relazione con l'altro, ma soprattutto al di là di quanto abbiano inciso i modelli familiari ereditati, positivi o negativi che siano stati.

E se da una parte l'archetipo riesce ad infondere nella donna Hera la consapevolezza dell'importanza sociale e familiare della vita a due, la coscienza del valore di condividere gioie e dolori con l'altro, nonché la certezza di poter contribuire alla crescita personale e collettiva proprio grazie all'importanza che lei dà alla relazione, dall'altra può far illudere la donna sulla singolarità e presunta superiorità di questo ruolo, a tal punto da indurla a scelte che rispettino soprattutto l'immagine ideale che ha di sé come compagna e "moglie di", più che rappresentare la sua totalità, la sua più intima essenza di donna.

Ma il rischio più grande di farsi possedere dall'archetipo e non illuminarlo nelle sue parti ombra, può soprattutto inclinare la donna Hera all'idealizzazione dell'uomo che ama, alla convinzione che lui possa ricambiarla con la stessa intensità e dedizione che lei è in grado di offrire, mettendolo su di un piedistallo divino, al di là di ciò che lui fa o dice, al di là di ciò che lui veramente è.

Non c'è dubbio infatti che l'archetipo è capace di grande abnegazione e dolcezza; non dimentichiamo che nella fase del primo incontro, la dea dimostrò tutte le sue premure nell'accogliere il tremante cuculo in cui Zeus si era trasformato, accudendolo amorevolmente e rimettendolo in forze: il dono più bello dell'archetipo Hera alla donna è sicuramente la sua tenerezza di fondo e le spinte calorose della generosità del suo cuore.

C'è soprattutto nella donna che si sia identificata in quest'archetipo un desiderio di "fare le cose per bene", la volontà di credere nella relazione e nella sua durata, nonché un'aspirazione continua alla perfezione e regalità, fino al punto di sentirsi investita di una missione "sacra", perché sacra viene considerata l'esperienza stessa del vivere in coppia.

Se quindi è forte nell'archetipo un potenziale strettamente legato alle qualità più accoglienti del femminile, come il senso della famiglia e la partecipazione appassionata e totale alla vita domestica, come se fosse un compito sacro, nello stesso tempo c'è il rischio che la donna non riesca ad esprimere ciò che veramente è, che sia portata a rinunciare a quanto le darebbe una reale soddisfazione, allontanandosi sempre di più dal suo centro interiore ed ignorando tutte quelle motivazioni inconsce che stanno alla base delle sue scelte.

Non a caso, l'archetipo si attiva in quelle donne che subiscono un fascino irresistibile dagli uomini di prestigio o di successo; difficilmente la donna Hera può interessarsi a uomini mediocri, che non siano ambiziosi o che non puntino al potere, ma alla base della scelta c'è probabilmente una profonda svalutazione di sé stessa e dell'essere femminile, giudicato inferiore e non all'altezza dei privilegi riservati agli uomini dalla tradizione.

E' per questo che l'archetipo può facilmente svilupparsi anche nelle donne che affiancano, come collaboratrici o segretarie, prestigiosi uomini di potere.

La loro abnegazione, la dedizione più assoluta al loro incarico professionale, spesso svolto nell'ombra, il mettere al primo posto gli impegni di lavoro più che i propri interessi, la propria vita familiare, che non a caso è spesso assente o inappagante, espone la donna a false identificazioni e alla possibilità di crolli esistenziali, nel momento in cui verrà sostituita o comunque nel momento in cui il suo lavoro non verrà più riconosciuto o premiato come merita. Un vulnus molto doloroso di amarezza e delusione, che la donna Hera non vorrà riconoscere nemmeno a sé stessa, ma che la segnerà nel profondo e stenterà a guarire.

E' questo spesso il caso di chi abbia nel suo tema una dicotomia tra gli assi Vergine/Pesci, o tra i pianeti Saturno e Nettuno, oppure lesioni nel sesto settore dell'oroscopo, che inclinano all'abnegazione totale per riempire un vuoto di autostima e quel fondo di inadeguatezza che affonda le sue radici nell'infanzia e nella svalutazione e non riconoscimento delle qualità femminili. E' per questo che è anche presente nell'archetipo un'inconscia tendenza a competere con l'uomo, a voler dimostrare di essere all'altezza delle sue qualità, sottolineando quel bisogno d'antagonismo e di primato che l'archetipo nasconde nell'ombra e che gradualmente chiederà di essere riconosciuto e trasceso.

Ricordiamo che sia Zeus che Hera arrivarono ad un tale punto di contesa tra di loro da ricorrere entrambi alla partenogenesi: Zeus, facendo nascere direttamente dalla sua testa la figlia Athena, la dea della saggezza ed Hera dando vita da sola al figlio Ares, il dio della guerra. Ciò significa simbolicamente che il valore primario e cosciente di questo archetipo è certamente l'amore sincero verso l'uomo, che potrà essere ancor più creativo e stimolante per la coppia quando siano state riconosciute le spinte inconsce d'antagonismo con l'altro sesso, per un desiderio di riscatto personale che viene da lontano.

Se l'archetipo non verrà illuminato e reso chiaro in tutte le sue parti, ci sarà la necessità per la donna Hera di riprendere in mano le sue illusioni e l'immagine mitica che ha di sé e dell'altro, nonchè del rapporto di "specialità" che vuole attribuire all'unione; soltanto questo potrà umanizzarla e soprattutto ripulirla di tutte quelle illusioni, mandati familiari e motivazioni che si sono stanziati nell'infanzia e che nell'età adulta continuano a condizionare le sue scelte.

L'archetipo della gelosia.

L'archetipo porta con sé non solo la capacità di credere in un amore ideale, appassionato e soprattutto di lunga durata, (ricordiamo i ben trecento anni riportati dal mito), ma anche la possibilità che la probabile simbiosi che si viene ad istaurare nel rapporto porti inconsciamente la donna e l'uomo ad operare per la loro autonomia psicologica, spesso segnata da un gesto di trasgressione quale può essere un tradimento; sappiamo infatti come Zeus non fosse soltanto un dio potente e grandioso, ma anche continuamente in ricerca di nuove avventure erotiche; ciò scatenava l'ira della moglie e la gettava in un vortice di vendette e punizioni che infliggeva alle rivali, senza riuscire peraltro ad impedire che Zeus rinunciasse alle sue conquiste.

Quest'ambivalenza di sentimenti della dea, tirati tra emozioni contrastanti e di opposta natura, mette l'accento sulle molte polarità di quest'archetipo divino, incredibilmente generoso e benevolo nella sua parte luce ed altrettanto oscuro e distruttivo nella sua parte ombra. Infatti, il vulnus più doloroso per la donna che non sia ancora riuscita a padroneggiare l'archetipo è spesso l'incontro coll'esperienza del tradimento, che non è altri che lo specchio del tradimento che lei ha fatto a sé stessa e al suo valore di donna, al di là dell'importanza e riconoscimento che le vengono riflessi dall'uomo che ama.

Scrive l'astropsicologa Lidia Fassio nel suo "I nostri simboli interiori": "Quando incontriamo tradimenti, abbandoni, comportamenti subdoli o manipolazioni nel mondo esterno, dobbiamo guardare dentro di noi per scoprire dove ci siamo abbandonati, dove abbiamo tradito la nostra integrità, dove ci illudiamo di essere sempre dalla parte del giusto, o dove usiamo male o abdichiamo al nostro potere. Le grandi ferite a cui siamo sopravvissuti, ci hanno obbligato a scollegarci dalla verità interiore, infilandoci in tunnel devastanti pieni di rancori e rivendicazioni che, se mantenuti, ripropongono situazioni di tradimento ed abbandono di sé".[27]

E' questo certamente il punto più doloroso del viaggio di quest'archetipo, anche perché una delle qualità più belle della donna Hera è la capacità di restare fedele, di amare l'altro con tutta sé stessa e può davvero crollare il mondo nell'attimo in cui si capisce che l'amore esclusivo e perfetto di cui si è capaci non è ricambiato con la stessa intensità e soprattutto con la fedeltà, che si ritiene un valore primario. Ma la donna Hera non piange, la fonte delle sue lacrime è secca, ma non perché non ne conosca il valore essenziale, da ragazza è facile che si abbandoni spesso alle lacrime essendo vivo dentro di lei il principio di Eros, ma solo perché è convinta che il pianto scioglierebbe la rabbia, da cui invece si sente sostenuta nel momento in cui deve lottare e vendicare l'offesa subita.

Tanto la donna che abbia integrato dentro di sé le "dee Vergini" non viene nemmeno sfiorata dalla possibilità di vendicarsi per un tradimento subito, perché disposta ad analizzarsi e a riconoscere in sé stessa la sua parte di responsabilità nell'essere stata tradita, quanto la donna Hera trova difficile perdonare, trova difficile lasciar andare. E' proprio l'aver amato troppo che la spinge verso quest'atteggiamento, è proprio l'aver dato tutto di sé stessa, senza risparmiarsi e senza esitare, che le impedisce di perdonare.

Eppure, è proprio dalla fonte delle sue lacrime che non riesce a lasciar scorrere che la donna può operare per la sua rinascita; ricordando il mito infatti, vediamo che vi è contenuto un particolare esatto sulla possibilità che ha la donna di riprendere contatto con la "fonte interiore", con l'essenza positiva della sua natura e proprio nel momento in cui sembra tutto perduto.

Infatti, si ricorda che Hera, venuta a conoscenza dell'ennesimo tradimento da parte di Zeus, tornasse alla fonte di Canato, dove era solita immergersi quand'era fanciulla, per mantenere viva la sua purezza.

E' il chiaro riferimento al desiderio di guarigione e purificazione che spesso avvia la catarsi di quest'archetipo così sensibile e sfaccettato: ritornando alle origini della sua storia e riflettendo su quanto abbiano inciso i modelli relazionali ereditati, in particolar modo quelli materni, la donna Hera potrà comprendere cosa conservare di quanto è stato trasmesso a livello familiare e cosa abbandonare perché non più in linea con ciò che lei

---

[27] L. Fassio, I nostri simboli interiori, Edizioni Spazio Interiore, Roma 2013, pag. 154

stessa vuole diventare.

Spesso infatti, c'è alle spalle un modello genitoriale che ha fatto sì che la psiche della donna si strutturasse in un certo modo, che cullasse certi ideali, anche solo per non ripercorrere le modalità relazionali viste nell'infanzia, che magari erano giudicate lontane dal proprio sentire.

Scrive Aldo Carotenuto, sul percorso d'individuazione, nel già citato "Integrazione della personalità": "Bisogna comprendere l'importanza di questo processo di autoconoscenza, il quale procede seguendo un percorso, per così dire, a spirale. Esso non è mai un dipanarsi lineare di sola ascesa, ma un procedere vario che comporta anche l'arresto o la retrocessione, il ritorno ai luoghi delle origini della propria "archè", quel "da dove" che spiega e chiarifica il nostro "andare verso". [28]

Ricontattando la fonte sacra che ha dentro di sé, la donna Hera può analizzare più attentamente i suoi desideri profondi, può comprendere se abbia lei stessa tradito le sue aspirazioni, i suoi più autentici disegni di crescita, se abbia seguito il suo cuore e non solo l'immagine di una relazione regale e perfetta, che aveva colorato il fine dei suoi ideali. Riprendendo contatto con il suo centro interiore e finalmente visualizzando le sue molte qualità, potrà sentire di aver raggiunto una nuova maturità, una grande umanità, proprio grazie alla sofferenza passata.

In questo percorso di conoscenza e guarigione, la donna Hera potrà essere aiutata dall'attivazione di altri archetipi divini che vivono dentro di lei e che lei ha messo da parte per interpretare soltanto quelli a cui si sentiva più vicina; potrà rivolgersi alle "dee Vergini", quelle che insegnano "il senso di sé", grazie a una coscienza focalizzata. Saranno loro ad indicarle come prendere contatto con la sua intuizione, la sua freschezza originaria, la sua allegria di fondo e simpatia, non molto considerate dalla tradizione greca ma qualità specifiche di quest'archetipo divino.

Grazie al contatto con le "dee Vergini", la donna Hera potrà abbandonare la "coscienza diffusa", quella che la obbligava a prendersi cura di tutti fuorché di sé stessa ed aprirsi ad un nuovo modo di interpretare la vita, di scoprirne l'alto valore. Dopo essere stata "vulnerata", sarà di nuovo "vergine", uno stato innocente dell'essere che può avvenire solo dopo che la donna si sia permessa quest'elaborazione, quando sia riuscita a penetrare l'esperienza dolorosa trasformandola in qualcosa di creativo, perché ha fatto

---

[28] A. Carotenuto, Integrazione della personalità, Bompiani 2007, pag. 119

chiarezza sui propri sentimenti, sulle proprie intenzioni ed è ormai in grado di seguire il suo cuore. A quel punto può avvenire la ricongiunzione; il perdono che, secondo il mito, Hera concede a Zeus è un passaggio tanto difficile quanto necessario per la donna "vulnerata".

E' un perdono che non nasce dal bisogno di apparire magnanima nei confronti dell'altro o superiore in maniera distaccata, ma dalla capacità di ripercorrere la sua vita, di riprendere in mano i rapporti antichi e, attraverso un'analisi sincera e spassionata, comprendere che perdonare vuol dire soprattutto "perdonarsi": dopo aver accettato ed onorato i suoi limiti interni, la donna "vulnerata" potrà vedere anche le ragioni ed i limiti dell'altro, potrà calare l'esperienza in una dimensione reale, liberando sé stessa da schemi illusori e negativi, gli unici che rallentano la sua reale emancipazione.

Scrive lo psicologo clinico Giampiero Ciappina nel suo "Manuale di Cinematerapia": "Possiamo idealmente immaginare il percorso del Perdono come un cammino a doppia spirale, ascendente e discendente. La spirale discendente affonda nelle nostre parti oscure e ne attinge forza ed energia, contemporaneamente la spirale ascendente può innalzarsi verso la luce più chiara e luminosa. La parte discendente affonda negli echi remoti della nostra storia: la vita intrauterina, la prima infanzia, i traumi rimossi. La parte ascendente si dipana nel nostro presente, dando risposte alle problematiche attuali, collegandole a quelle antiche e, mentre scioglie i nodi del presente, getta solide basi per il futuro [...] il percorso del Perdono richiede costanza, amore, impegno e fiducia". [29]

Tra i frutti sacri alla dea, si ricorda il melograno che è simbolo dell'eterno ritorno e cioè della capacità di saper chiudere un ciclo perché intimamente consapevoli della necessità che un altro si possa aprire.

A quel punto, la donna avrà compiuto e degnamente la dea Hera che vive dentro di lei, perché avrà rintracciato e spostato in sé stessa il "centro del mondo".

Medea e Giasone.

Quando diversamente l'archetipo non venga elaborato, ci sarà un graduale suo impossessarsi della coscienza della donna, o dell'uomo nel caso

---

[29] G. Ciappina - P. Caprini, Manuale di Cinematerapia, Edizioni Solaris, Roma 2007, pag. 147

lui abbia un'Anima "Hera".

Si può ricordare a tal fine il mito di Medea che ci illustra a che conseguenze negative può portare la carica energetica che si sprigiona quando la potenzialità creativa della libido non riesca ad essere incanalata in forme positive e creative, quando la mente non riesca a trovare in sé stessa ragionevolezza e buon senso, che sono doti indubbie del femminile compiuto.

Infatti, quando non si lavori sui sentimenti inferiori attraverso la loro visualizzazione, il riconoscimento e l'accettazione, si può rischiare di trasformare il "vulnus" del tradimento in una caldaia che si alimenta da sola, che lavora contro l'individuo stesso, provocando distruzione ed annientamento.

Ricordiamo che gli archetipi, essendo a-temporali ed a-spaziali così come è l'inconscio che li contiene, non sono collegati al sesso della persona, ma possono trovarsi indifferentemente sia nella donna che nell'uomo ed è possibile che la violenza a cui abbiamo assistito in diversi casi di cronaca di questi tempi, dove la rabbia femminile non elaborata esplode contro i figli, o quella maschile trova nella donna la vittima designata, possa trovare una radice profonda nell'archetipo presente sia nell'Animus non redento della donna, che nell'Anima brutale dell'uomo, inconsapevole dei suoi sentimenti e delle emozioni irrisolte nei confronti del femminile.

Medea era una sacerdotessa della Colchide, figlia di Eete e della ninfa Asterodea, signori del regno in cui era custodito il Vello d'oro.

Nonostante sia la protagonista di diversi miti, ricaviamo molti particolari sulla sua storia dall'impresa compiuta da Giasone e dagli Argonauti per la conquista del Vello d'oro, in un tessuto mitico ben preciso in cui c'è il simbolo di una missione disperata ed impossibile per i rischi ed i limiti che presenta. Ciò introduce immediatamente un simbolo di grandiosità, di eccellenza e quindi la conseguente possibile deformazione in confusione ed ossessione.

Infatti, resosi conto di non poter compiere la conquista solo con le sue forze, Giasone si serve di Medea e dell'amore appassionato che la sacerdotessa aveva provato per lui non appena l'aveva visto. Dimentica completamente dei suoi sacri doveri e astiosa verso il padre Eete che si rifiutava di consegnare il Vello a Giasone e con l'unica condizione messa all'eroe di "farla sua sposa", Medea non pensò ad altro se non ad aiutare l'eroe nell'impresa, tradendo il padre e il suo popolo, fino al punto di non fermarsi di fronte a nulla, nemmeno all'uccisione del fratello Apsirto.

Si narra infatti, in una delle due versioni del mito, come la principessa, dopo la conquista del Vello ed in fuga con Giasone e i suoi sulla nave Argo, non abbia esitato ad uccidere il fratellino, disperdendone i pezzi in mare e rallentando così la corsa del padre, che si era messo all'inseguimento dei fuggitivi; il tempo che Eete impiegò per raccogliere le membra del figlio accelerò la corsa di Medea, che si mise in salvo assieme agli Argonauti, raggiungendo Corinto.

L'archetipo introduce quindi come aspetto primario un sentimento di "rapimento" della psiche, che viene inondata solo dal desiderio e dalla brama, che si fa ossessiva a tal punto da diventare spietata, senza che ci sia alcuna possibilità di conservare misura e lucidità, perché la mente è concentrata su un unico obiettivo, spesso illusorio e fuorviante.

Uniti ed esaltati da quest'impresa impossibile, Giasone e Medea riuscirono a rubare il Vello e, dopo essersi sposati durante il viaggio di ritorno con un fastoso banchetto, arrivarono a Corinto, dove si insediarono ed ebbero molti figli. Trascorsi dieci anni, Giasone, tradendo le antiche promesse e dimenticando in un solo attimo quello che Medea aveva fatto per lui, quando aveva abbandonato terra, casa e parenti per seguirlo, si accordò col re di Corinto Creonte, che gli promise gli avrebbe lasciato il regno se lui avesse sposato la figlia Glauce e soprattutto bandito per sempre Medea assieme ai suoi figli. Giasone accettò la proposta, nonostante i tentativi di Medea di ricordargli le antiche promesse, fin quando, fingendo e dimostrandosi magnanima e ben disposta verso la nuova sposa, Medea concentrò tutte le sue forze per punire l'offesa subita: non solo inviò a Glauce una veste magica che aveva il potere d'incenerire chi la indossasse, che decretò la fine dell'infelice giovane e del padre Creonte, ma arrivò ad uccidere due dei figli avuti da Giasone, che disperato si diede la morte.

Non c'è dubbio che "la sindrome di Medea" è il mostruoso passaggio finale di un archetipo che non è stato riconosciuto ed elaborato nelle sue parti distruttive, portando l'individuo ad un culmine senza ritorno, dopo anni di rimozioni e negazioni. I sentimenti, divenuti ormai solo ri-sentimenti, si fanno ossessivi e focalizzati in un'unica direzione, perché la possibilità di vendicarsi supera qualsiasi valore, in questo caso l'amore di una madre per il figlio che ha generato. Non c'è più traccia dell'istinto materno in Medea e l'istinto materno è l'essenza del femminile perché "archetipo della conservazione della vita" oltre ogni possibile offesa, oltre ogni strazio, soprattutto lo strazio d'amore, che alimenta la passione compulsiva che vuole colmare un vuoto che si è fatto gigantesco e che ha invaso ogni spazio della psiche.

Se quindi da una parte l'archetipo Hera può assicurare alla donna - ma anche all'uomo che lo contiene nella sua Anima - una grande profondità di sentimenti ed intensità emotiva contro l'indifferenza e la superficialità nel vivere l'amore, può anche trascinarli verso un delirio ossessivo senza confini, perché la mente non è riuscita a razionalizzare quanto è emerso dall'inconscio, a trovare uno scoglio a cui ancorare saldamente la ragione.

Nell'archetipo Hera c'è infatti una forte tendenza a negare i sentimenti spiacevoli, proprio per quel bisogno di regalità e perfezione che primeggia nella psiche ed in cui l'individuo si è totalmente identificato. Ricordiamo come Hera preferisse infierire sulle amanti di Zeus più che ritenerlo responsabile in prima persona e questo può indurre la donna a negare alcune situazioni di crisi, a rimuovere i suoi sentimenti di collera, esponendosi così a fare degli accumuli, che possono esplodere in tutta la loro drammaticità.

Scrive Candace B. Pert nel suo "Molecole d'emozioni": "Entrando in contatto con le nostre emozioni, ascoltandole e indirizzandole grazie alla rete psicosomatica, riusciamo ad ottenere l'accesso alla saggezza risanatrice, che rientra nei diritti biologici naturali di tutti noi. E come possiamo farlo? Prima di tutto riconoscendo e rivendicando tutte le nostre sensazioni, non soltanto quelle che vengono considerate positive. Collera, dolore, paura, queste esperienze emotive non sono negative di per sé; abbiamo bisogno della collera per definire confini, del dolore per affrontare le perdite, della paura per proteggerci dal pericolo. E' solo quando queste emozioni vengono negate che la situazione diventa tossica". [30]

La Fiaba "Scarpette rosse".

La tematica del desiderio che diventa ossessivo e finisce per impossessarsi dell'intera psiche è ben simboleggiata anche nella fiaba di Hans Christian Andersen "Scarpette Rosse".[31]

---

[30] C. B. Pert, Molecole d'emozioni, Edizioni TEA, Milano, 1997, pag. 342
[31] H. C. Andersen, Fiabe, Mondadori, Milano 2004

"C'era una volta una bambina di nome Karen, orfana di madre e di padre, talmente povera da non avere scarpe; d'estate girava a piedi nudi e d'inverno calzava zoccoli duri che le ferivano i piedi. Fu così che un calzolaio, mosso dalla pena, cucì per lei delle scarpette rosse di cuoio e gliele donò, rendendola molto felice. Un giorno, mentre era in strada, le si accostò una carrozza dalla quale uscì una ricca signora che s'impietosì nel vedere la bimba così malvestita; la prese allora con sé portandola nella sua casa e assicurandole che l'avrebbe trattata come una figlia, la rivestì di tutto punto, gettando nel fuoco i vecchi abiti comprese le scarpette rosse. La bambina si rattristò molto per questo gesto e quando la vecchia signora la portò dal calzolaio perché scegliesse delle scarpe nuove lucide lucide, lei approfittò del fatto che la vecchia ci vedesse poco per scegliere il più bel paio di scarpette rosse che il calzolaio aveva a disposizione; erano quelle le scarpe che desiderava, perché riaccendevano l'antico desiderio verso le sue prime scarpette, che erano state bruciate dalla sua benefattrice nel fuoco. Quando la vecchia signora fu informata del colore delle nuove scarpe, le proibì di indossarle ancora, ma la bambina non ubbidì e le indossò perfino nel giorno della sua Cresima, mentre tutta la Chiesa ed il Vescovo e i fedeli riuniti la guardavano con stupore e costernazione, persino i quadri del muro sembravano osservare costernati, ma lei pensava soltanto che le sue scarpette fossero la cosa più bella che avesse mai avuto al mondo. All'uscita della chiesa, un vecchio soldato la lodò: "Ma che belle scarpette da ballo!" esclamò e fu a quel punto che Karen abbozzò qualche passo di danza e i suoi piedi iniziarono a muoversi da soli e cominciarono a ballare freneticamente tanto che la bambina danzava e danzava, non c'era modo di potersi fermare. La vecchia signora provò a sfilargliele con la forza, ma quelle restavano incollate ai piedi e la trascinavano via.

E la bambina danzò per le strade della città e per le valli, si ferì passando attraverso gli arbusti ed attraverso i rovi e non c'era giorno o notte, non c'era sole o luna, non c'era pioggia o sereno che riuscissero a farla fermare. Sempre danzando e ormai stremata, la bambina passò davanti una porta che conosceva bene, dentro cantavano dei salmi e stavano portando fuori una bara, la vecchia signora era morta e Karen si sentì morire anche lei. Era stata davvero un'ingrata a lasciarla da sola, ma come poteva fermarsi se i suoi piedi continuavano a ballare? Così proseguì per la sua strada, entrò in una foresta, dove viveva il boia della città. Non appena lo vide, la bimba lo implorò di aiutarla e tagliare con la sua ascia le scarpe per liberare i suoi poveri piedi, ma quello non arrivò a nulla perché i piedi continuavano a ballare; a quel punto la bambina lo supplicò: "ti prego, tagliami i piedi! Ti prego, mi voglio fermare" ed il boia le tagliò i piedi che, attaccati alle scarpe, continuarono a ballare, attraversarono i campi sterminati, fino al punto di scomparire nell'oscurità del bosco. Fu a quel punto che Karen iniziò la sua nuova vita, chiedendo perdono al Signore per le sue colpe, finché ne morì, volando in Cielo fino a Dio e lassù nessuno le chiese che fine avessero fatto le sue scarpette rosse".

Non c'è dubbio che la fiaba ci presenta una situazione non solo drammatica ma addirittura sconvolgente, come non è raro trovare in diverse fiabe situazioni altrettanto drammatiche per la loro crudeltà.

Guardandola però dal punto di vista simbolico ed archetipico, nonché confrontandola con la fiaba raccontata in precedenza, quella dell'Orso della Luna Crescente, si può intuire come la brama ed il desiderio di un qualcosa di vitale importanza per sé, per la propria soddisfazione, per il proprio piacere, possa diventare distruttivo perché incapace di portare alla vera trasformazione che cerca la psiche.

Infatti, se questo passaggio è stato compiuto dalla protagonista della fiaba orientale, in "Scarpette rosse" manca l'intervento razionale della coscienza sull'ossessione, manca la grazia fiduciosa della guarigione, mediante l'affidarsi a forze estranee e non soggette alla propria capacità di controllo.

L'Animus/Logos non riesce ad incontrare l'Anima e a porle quei giusti limiti di cui l'Eros avrebbe bisogno, per non scivolare negli eccessi e perdere il contatto con la realtà.

Anche nella fiaba giapponese c'è un impulso iniziale che tende a realizzare un desiderio, ma mentre la sposa riconosce i limiti di quest'impulso e soprattutto visualizza la sua rabbia negata e quindi sposta i suoi sentimenti inferiori da un piano personale ad un piano transpersonale, la bambina dalle scarpette rosse rimane concentrata su un desiderio estremo e per questo malsano, perde ogni punto d'appoggio con la realtà, simboleggiata dai piedi che le dovrebbero garantire il contatto con la terra e soprattutto perde ogni possibilità di "andare avanti", di proseguire la sua strada, di "camminare la vita".

Non c'è più alcuna strada da percorrere, né da completare, dopo che il proprio sé è stato svenduto a seduzioni distruttive e non si sia riconosciuta la necessità di lavorare sull'impulso e sull'estremismo delle proprie inclinazioni.

La fiaba è quindi riassuntiva del rischio che esiste per la persona "vulnerata", che abbia subìto forti privazioni nell'infanzia di un qualcosa di vitale per costruire un sano senso di sé, di essere nuovamente ferita, mutilata, tradita ed abbandonata, fin quando non rientrerà in contatto con la sua interezza, con la parte di sé stessa che la può salvare, con il suo stesso desiderio di redenzione, verso cui la spinge automaticamente il suo bisogno di farsi "una".

A quel punto capirà che la sua integrità e dignità saranno superiori al ricatto di qualsiasi compromesso o seduzione, superiori al desiderio di un qualcosa che si rivelerà inconsistente e di nessun valore per la sua completezza e la sua felicità.

91

Arianna di Cnosso

"Errava folle per ignote spiagge
la fanciulla di Cnosso
dove Dia sente sul lido flagellato l'onda
e come s'era scossa dal suo sonno,
velata appena dalla veste e ancora tutta discinta
a piedi nudi, sciolte le bionde chiome,
il nome di Teseo gridava al mare sordo e indifferente,
d'indegno pianto risonando invano le sue tenere guance".

(Ovidio, da "L'arte di amare")

Arianna abbandonata da Teseo
Angelica Kauffmann, 1782 ca.

92

La stessa tematica della dipendenza psicologica che abbiamo visto nell'archetipo Medea, si può ritrovare nel mito di Arianna, principessa di Cnosso, amata e poi abbandonata da Teseo, l'eroe dell'Attica ricordato dalla mitologia come l'eroe greco per eccellenza.

Figlia del Re Minosse, Arianna s'innamora di Teseo non appena l'eroe giunge a Cnosso per liberare i cretesi dalla presenza del Minotauro, il mostro con il corpo umanoide e testa di toro, fratellastro di Arianna e figlio della Regina Pasifae, al quale ogni nove anni, per un antico debito che Atene aveva contratto con Creta, venivano sacrificati sette giovanetti e sette fanciulle ateniesi; il luogo dell'orrido pasto era il labirinto costruito dall'architetto Dedalo, per imprigionare e rendere inoffensivo il temibile Minotauro.

L'incontro scatena un immediato innamoramento, sia nel cuore di Arianna che vede in Teseo il salvatore tanto atteso e colui che poteva interrompere l'orrido rito, sia nell'eroe che intravede nella fanciulla la possibilità di venire a capo di un'impresa da tutti giudicata impossibile e pericolosa. Infatti, Arianna prometterà d'aiutarlo nell'impresa grazie all'espediente del filo, che Teseo avrebbe dovuto portare con sé andando verso il mostro; dopo averlo ucciso, Teseo avrebbe potuto trovare agevolmente l'uscita, senza il timore di perdersi nei meandri del labirinto. Unica condizione posta dalla fanciulla fu la promessa da parte di Teseo di farla sua sposa e portarla con sé ad Atene.

Nell'orrore in cui la fanciulla sta vivendo, costretta come tutti gli altri cretesi e sudditi della regno ad assistere impotenti a tante uccisioni, entra un elemento di liberazione e di salvezza attraverso un sentimento d'amore, fortissimo in Arianna che si mette a disposizione dell'uomo in quest'impresa impossibile e di riflesso nell'uomo che, grato per l'aiuto trovato e lusingato dall'amore di Arianna, non esita ad accettare quell'unica condizione.

Entrato nel labirinto, dopo aver ucciso il Minotauro e ritrovata l'uscita, liberati i giovani ateniesi e messosi in fuga con Arianna verso Atene, Teseo abbandonerà la giovane dormiente sull'isola di Nasso, dove lei piangerà tutte le sue lacrime, disperandosi per essere stata ingannata, fino all'arrivo di Dioniso, il dio dell'estasi e del vino, che la libererà, la farà sua sposa e le garantirà regalità e immortalità, trasformando la sua corona di regina nella Costellazione della Corona Boreale.

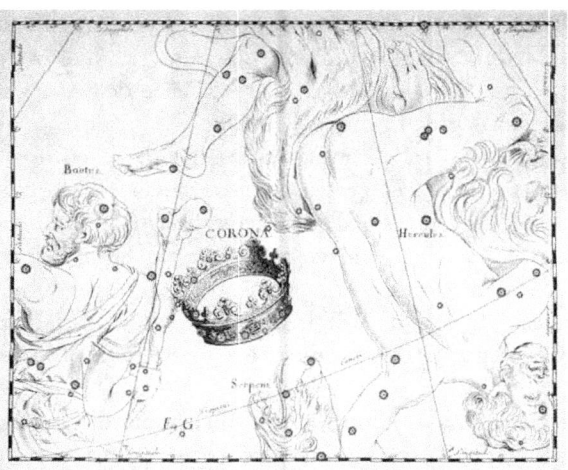

Il labirinto e il filo.

Nell'archetipo Arianna, si rintraccia un binomio psicologico molto frequente nella psiche femminile, nel momento in cui la donna entra in contatto col suo bisogno di appartenenza e di fusione in una storia d'amore e contemporaneamente con l'esigenza di mantenersi libera ed autosufficiente, non soggetta ad alcuna dipendenza psicologica ed emotiva.

E' questo coesistere contemporaneo tra due bisogni opposti ma ugualmente indispensabili, una lotta tra le "dee Vergini" e quelle "Vulnerate", che di solito costringe la mente a scindere i due bisogni, identificandosi in uno dei due e proiettando all'esterno l'altro. L'archetipo che spinge alla fusione e al bisogno d'appartenenza all'altro allagherà la coscienza, mentre il bisogno di libertà e di autosufficienza resterà inconscio e proiettato sull'uomo che, sebbene sincero nel momento delle promesse, intimamente vorrà mantenersi libero e non soggetto a vincolo alcuno.

Nello stesso momento, mentre Arianna cede immediatamente all'amore, mentre s'impegna e si dedica completamente alla salvezza dell'uomo, dimentica anche in un attimo gli impegni del suo precedente stato di figlia del Re, dimentica l'amore verso i genitori, i fratelli e verso il regno, il rispetto dei sudditi e tutti quei compiti che facevano parte del suo stato, proprio così come aveva fatto Medea.

Spesso, nella donna "Arianna", non c'è alcuna capacità di mettere

94

confini tra sé e gli altri; c'è una difficoltà a comprendere quanto dei sentimenti che attribuisce all'altro siano reali e non piuttosto il riflesso di bisogni interiori; il desiderio d'amore è più forte di qualsiasi considerazione, così come fortissima sarà l'amarezza nel momento della delusione. "Ho abbandonato tutto per lui ed ora lui mi abbandona", è la frase più frequente che la donna si ripete nel momento dell'addio, quasi a sostenere sé stessa di fronte all'ingiustizia subita e all'evidenza delle mancate promesse.

Il labirinto è un simbolo di forte costrizione. E' lo specchio dei pensieri ossessivi che invadono la donna, nell'attimo in cui s'interroga sulla fine di una storia d'amore.

La mente gira e rigira attorno al bisogno di spiegare razionalmente dove siano le colpe, dove siano le mancanze e perché sia stata tradita. Il labirinto è il simbolo della necessità di trovare un punto focale che permetta di "arrivare all'uscita", di riconquistare quel senso di libertà che, sebbene mantenuto inconscio nella psiche, è vivo e potente come valore interiore, come bene imprescindibile, tanto quanto il bisogno d'amore.

Grazie allo sforzo di comprendere meglio ciò che le sta capitando, grazie alla sua sapienza profonda che è lucida ed affilata come una spada e che la soccorre proprio nel momento in cui tutto sembra perduto, la donna potrà scoprire nell'inconscio, sopito ma non per questo meno vivo, il suo bisogno di libertà. Scoprirà la sua volontà di restare indipendente soprattutto a livello emotivo, scoprirà la strenua difesa della sua autonomia, che non può essere assoggettata ad alcuna catena, o abile seduzione. L'abnegazione e l'annullamento di sé nei confronti di Teseo quindi, così come l'abbandono ed il tradimento di ogni promessa fatta, non sono altro che il riflesso del conflitto che scinde la psiche della donna e che potrà essere riconosciuto solo dallo specchio che ne farà l'uomo.

Gradualmente il dolore e la sofferenza serviranno a ripercorrere le strade antiche, ad individuare dove è stato barattato un valore personale con qualcosa che in realtà non ha alcuna importanza, si forgia esclusivamente sui modelli del collettivo, ma non ha alcun significato per la sua individualità, per il suo potenziale di donna, per la sua felicità.

Ricordiamo che nell'antica Cnosso, il labirinto portava ad un "centro": una ed una sola era la via che conduceva all'uscita, una ed una soltanto portava alla libertà. Arrivando al centro, si poteva ripercorrere a ritroso il cammino, si poteva ritornare sui propri passi, come a voler significare che l'andare e il tornare della memoria su fatti dolorosi e frustranti sia l'unico modo per permettere alla donna di arrivare ad una dimensione "altra", un terzo elemento che permetterà di conciliare i due opposti in guerra, senza essere costretta a scegliere tra uno di loro.

Questo perché la donna sa che è lei a "possedere il filo", sa che è dentro di lei la forza per riprendere in mano la sua "tela" e darle un nuovo disegno. Infatti, è proprio nel momento in cui tutto sembra perduto che la donna che sia stata "vulnerata" può rivolgersi alle "dee Vergini" che sono dentro di lei e ricorrere alla loro capacità di distacco, alla loro capacità di restare centrate.

Così sarà per l'infelice Arianna: infatti, la sua disperazione sull'isola di Nasso e le lacrime da cui si ritrova sommersa saranno asciugate dall'amore di Dioniso, che la renderà Regina e Dea col nome di "Libera".

E' la forza del suo sentimento onesto e sincero che fa della donna "Arianna" una dea, è la sua dedizione totale all'amore che compirà il miracolo, perché se Teseo è lo specchio di un Animus infantile ancora ripiegato su illusioni impossibili, Dioniso è il suo Animus redento e pacificato, è la consapevolezza di essere nel diritto e meritevole di ricevere amore.

Attivando l'Athena che è dentro di lei, la filatrice che non l'ha abbandonata e che la chiama a reagire, attivando Hestia, che la spinge a rimanere centrata ed "una in sé stessa", nonostante il momento di dolore che la sta uccidendo, la donna può finalmente "ritrovarsi", può finalmente riconoscere il suo valore personale, la sua grande capacità di amare e di dare, senza che ci sia bisogno che qualcuno glielo rifletta da fuori, che qualcuno aggiunga o tolga qualcosa al senso di sé, che lei ha saputo costruire per sé stessa, con tanta fatica e costanza.

Quando avrà portato dentro di sé tutta la gioia e tutto il dolore, quando non si sarà negata di penetrare ogni esperienza, si sentirà finalmente e realmente forte, capace di affrontare e superare le sfide future.

Scrive l'allieva e collaboratrice di Jung Marie-Louise von Franz nel suo "Il Femminile nella fiaba": "[dopo un'esperienza dolorosa] la donna, avendo dovuto fare il giro del mondo per trovare la vita, ne avrà scoperto le ricchezze ed il significato sacro. Per lei, il semplice fatto di vivere è un'esperienza d'illuminazione. Avrà la piena coscienza di ciò che fa, perché questo è il premio delle sue sofferenze. E' appunto quanto intendeva Jung quando diceva: una parte della vita è stata perduta, ma il significato è preservato".[32]

---

[32] M.L von Franz, Il Femminile nella fiaba, Bollati Boringhieri, Torino 2009, pag. 97

DEMETRA E KORE

Dea Terra, madre dei beati e degli uomini mortali,
che tutto nutri, tutto doni, che porti a maturazione, tutto distruggi,
che favorisci la vegetazione, porti frutti, ricca di belle stagioni,
sostegno del cosmo immortale, fanciulla variopinta,
che con le doglie del parto partorisci il frutto di molte specie,
daimon che ti allieti delle erbe profumate ricche di fiori,
che ti rallegri della pioggia; intorno a te il cosmo elaborato degli astri
si volge per natura eterna e terribili correnti.
Ma, dea beata, fa crescere frutti che danno molta gioia
con cuore benevolo nelle stagioni felici.

(da "Inni Orfici")

Demetra e Persefone

Il mito di Demetra e Persefone è uno dei miti più straordinari che incontriamo nello studio delle leggende antiche.

Ancor più dei miti legati ad Hera, è simbolo della ciclicità del tempo e dell'alternarsi delle Stagioni e quindi, nello specifico dell'esperienza femminile, del passaggio da una condizione psicologica d'inconsapevolezza, illusione e spensieratezza, proprie dell'età infantile e adolescenziale, ad una condizione di presa di coscienza del proprio Sé e soprattutto del potenziale specifico dell' "essere donna".

Questo il mito nella sua versione più diffusa: Demetra e Persefone, detta anche Kore (Κόρη, la fanciulla), dea delle messi e dei campi la prima e dei fiori la seconda, erano madre e figlia. Non si separavano mai e vivevano come fuse. L'una non poteva fare a meno dell'altra e niente aveva significato per loro se non era fatto insieme.

Ad un certo punto della loro storia tranquilla e felice, avviene un evento traumatico: Ade, dio del mondo sotterraneo, invaghitosi di Kore, risale in superficie e la rapisce, portandola agli Inferi.

Da quel momento in poi, Demetra cade in un tale stato di disperazione e depressione che rifiuta di occuparsi di nient'altro se non del suo dolore e soprattutto di ritrovare la figlia. Non si cura più delle messi, non si cura più dei campi e di renderli fecondi e tutta la natura inaridisce ed avvizzisce insieme a lei, partecipando
così al suo dolore.

Kore, da parte sua, piange tutto il giorno e si dispera perché ha paura di stare in quel luogo di ombre e di morte ed implora Ade di lasciarla tornare dalla madre, ma Ade è irremovibile.

E' a questo punto che Zeus, supplicato dagli uomini che vedono i loro campi trasformati in deserti, si preoccupa di inviare Hermes ad intercedere perché il dio degli Inferi consenta a Kore di rivedere la madre. Ade cede, perché profondamente innamorato della moglie, ma prima di lasciare andare la sposa, le dà da mangiare dei chicchi di melograno, che non le avrebbero permesso di restare per sempre con la madre in superficie, ma solo due terzi dell'anno, mentre, nel periodo rimanente, lei dovrà tornare dal marito, nel mondo degli Inferi.

Lei non sarà più la "Kore", la fanciulla spensierata ed ingenua di un tempo, ma diventerà Persefone, la regina degli Inferi, della morte e rinascita.

Da qui, il mito delle Stagioni e dei Mesi che si succedono nell'anno: quando è primavera ed estate, Demetra si occupa della natura, delle messi e tutto è rigoglioso e fertile e quando è autunno ed inverno, la natura si ferma e muore un pò, ma solo per un po', in attesa di rinascere a nuova vita.

L'ARCHETIPO DEMETRA, LA MADRE

"Orsù, voi che regnate sulla terra di Eleusi, odorosa d'incenso,
su Paro circondata dal mare, e su Antrone rocciosa,
o Demetra, dea veneranda, apportatrice di messi,
dai magnifici doni, tu con tua figlia, la stupenda Persefone,
benigne premiate il mio canto, con la prosperità che rallegra il cuore".

(Omero, da "Inno a Demetra")

Cerere
Paolo Farinati, 1590 ca.

La dea Demetra, la Cerere dei Romani, è la "madre" per eccellenza. Onorata come dea delle messi e dei raccolti, la dea è spesso ritratta nell'iconografia antica con una spiga in mano, infatti era invocata per garantire risultati e continuità all'opera dell'uomo, perché gli sforzi da lui compiuti per assicurarsi nutrimento e sicurezza fossero premiati; per questo era venerata come Madre Terra.

Secondo l'esperto di miti Robert Graves,[33] la dea non aveva un consorte al suo fianco, viveva con la figlia Kore che aveva avuto da Zeus, ma non si era mai sposata. Ciò significa che il suo archetipo è un'estensione di quello della Grande Madre, perché se Hera concentrava il suo amore e il suo interesse soprattutto sul marito e sul suo ruolo di "Regina di tutti gli dei", Demetra gioiva esclusivamente del suo essere madre, non solo della terra e dei raccolti a cui presiedeva con amorevole cura, ma soprattutto della figlia, a tal punto che le due dee erano fuse ed onorate assieme nei misteri Eleusini, la più importante religione dei Greci.

Anche lei divorata dal padre Cronos e liberata da Zeus, è soprattutto ricordata per il cambiamento di vita che aveva dovuto subire nell'attimo in cui la figlia le era stata portata via dal fratello Ade, invaghitosi di Kore.

Tutto l'amore che Demetra aveva sempre dimostrato nei confronti degli uomini e la cura della natura che lei aveva come compito divino e che rifletteva semplicemente l'intima soddisfazione di prendersi cura della figlia, si erano trasformati in disperazione nel momento del ratto di Kore e in rancore e desiderio di vendetta per l'offesa subita.

Per nove giorni e per nove notti Demetra aveva cercato la figlia, una ricerca disperata durante la quale aveva interrotto il suo compito divino: in quello stato di disperazione, aveva anche dovuto subire la violenza del fratello Poseidone, il dio del mare che, dopo averla vista vagare per terre e per mari, l'aveva posseduta, nonostante il suo rifiuto.

Al culmine della disperazione, Demetra si era rifiutata di tornare sull'Olimpo, non si era più curata dei campi, non aveva più benedetto i raccolti. La terra si era fatta secca e gli uomini e gli dei avevano dovuto assistere alla sua furia, una follia che la spingeva a vagare senza meta pur di ritrovare la figlia.

A livello psicologico il mito suggerisce diverse simbologie che possono

---

[33] R. Graves, I miti greci, Longanesi, Milano 1995, pag. 78

aiutare a comprendere la ricchezza dell'archetipo, ma anche il rischio che c'è per la donna di una piena identificazione con esso.

Innanzitutto, il bisogno imperioso di maternità che copre ogni altro istinto e lo sovrasta. La donna Demetra identifica tutta sé stessa nel ruolo di madre e trae soddisfazione solo dal generare, nutrire ed accudire le sue creature, che diventano per lei fonte di vita, di gioia e rigenerazione. Anche quando apparentemente la donna non sembra interessata, l'archetipo continua a spingere per il suo riconoscimento, perché nell'inconscio collettivo femminile la donna è "geneticamente madre" e la prosecuzione della specie sta alla radice stessa dell'essere donna.

Per questo motivo, per la spinta innata verso la cura e la protezione che l'archetipo ha dentro di sé, la donna Demetra finisce per diventare "madre" anche di tutti coloro che le si rivolgono a lei per avere un sostegno, un aiuto disinteressato e soprattutto sincero nei momenti di difficoltà, spingendola così a dare priorità, in ogni stagione della sua vita, all'istinto materno, più che ad altre sue qualità.

Se la donna Hera ricerca il matrimonio per avere identità e non si sente realizzata finché non raggiunge lo stato di coniugata, la donna Demetra spesso si sposa per diventare madre, o addirittura si serve dell'uomo solo per raggiungere quest'obiettivo e non esita a "dimenticarsi" di lui quando l'ha realizzato.

La scienza ha comunque dimostrato che l'istinto materno, più che uno stato originario dell'essere femminile, è una scelta di vita, un impulso che può attivarsi ad ogni età, perché sempre meno condizionato, ai nostri tempi, da regole e limiti convenzionali.

Sono infatti sempre più frequenti le donne che, dopo aver espresso nella prima parte della vita il lato più attivo della loro natura, spesso riflesso dagli archetipi Artemide, Athena ed Afrodite, si ritrovano intorno ai quarant'anni con un forte "desiderio di figlio", in un'età che spesso il collettivo non reputa adeguata o giusta per la maternità. Gli archetipi però non hanno tempo, né spazio che li possano condizionare. Gli archetipi si attivano quando la donna sente il desiderio di un qualcosa che deve potersi compiere per favorire la sua emancipazione, al di là di ciò che pensa la massa o tutte quelle imposizioni o regole comportamentali fissate dalle convenzioni.

Come tutti gli archetipi però, anche quello di Demetra ha una parte luce e una parte ombra, perché se da un lato riassume in maniera perfetta il principio di Eros junghiano, perché conferisce alla donna la capacità di farsi custode dei sentimenti d'amore e dedizione all'altro, può allo stesso modo e più di ogni altro archetipo rifarsi al lato oscuro della Grande Madre, quando diventa invadente, ossessivo e prevaricante nei confronti delle persone che ama.

Se l'archetipo s'impossessa di lei e non viene elaborato, la donna "Demetra" può diventare iperprotettiva fino a farsi invadente nei confronti di chi le vive accanto, soprattutto dei figli, che può condizionare emotivamente perché le assicurino quel riconoscimento di cui ha bisogno per sentirsi apprezzata e che non riesce a trovare in sé stessa, a causa di una bassa autostima.

Così come Demetra si era trasformata in una donna disperata, risentita e bisognosa di vendetta nell'attimo in cui le era stata sottratta la figlia, allo stesso modo la donna che abbia privilegiato quest'archetipo divino può diventare depressa o farsi rabbiosa, nel momento in cui perde l'oggetto d'amore che dava significato a tutta la sua vita. Questo può significare che l'archetipo Demetra contiene in sé anche una radice d'imprevedibilità aggressiva, spesso collegata al bisogno inconscio della donna di scoprire altre dimensioni della sua natura, di cui non sospetta l'esistenza. Ciò la porterà gradualmente ad aggiungere tessere importanti alla conoscenza di sé, non sottovalutando la sua aggressività, soprattutto quando ci sia alla base della personalità una radice di mitezza e passività molto forte, che si ha difficoltà ad integrare con la parte più aggressiva e violenta della propria natura.

Ricordando Demetra che era andata vagando per nove giorni e nove notti ed era riuscita a distrarsi dal dolore per la perdita della figlia, dedicandosi all'insegnamento dei Misteri Eleusini e quindi simbolicamente a qualcosa di superiore che potesse nutrire lo Spirito, allo stesso modo la donna "Demetra" può mettersi in cerca della sua sorgente creativa, che è sempre viva e precedente a qualsiasi identificazione; a quel punto, può vedersi spalancare nuove dimensioni di sé, che non avrebbe potuto conoscere se non attraversando quella perdita. Solo a quel punto lei capirà il valore dell'"essere donna", prima ancora dell'unica identificazione che si era concessa nell' "essere madre".

Dal punto di vista astrologico, l'archetipo Demetra, "la dea del bianco pane" è di solito presente nei Segni di Terra, in particolar modo in quelli di Toro e Vergine, che sono strettamente collegati alla natura, così come alle radici stesse dell'esperienza umana. Onorando e rispettando l'energia "di Terra" che vibra dentro di lei, la donna Demetra può dedicarsi a tutte quelle attività ricreative che la possono portare a contatto con la propria fonte interiore, col proprio istinto naturale; riuscendo non più a scegliere tra i bisogni ma conciliandoli tra loro, riuscendo a ridimensionare la passione dei suoi affetti e ad attingere valore direttamente da sé, senza che altri debbano colmare le sue "piene", la donna Demetra potrà diventare "madre di sé stessa", continuando ad onorare quell'aspetto fecondo ed esclusivo di sé, che darà sempre senso e significato alla sua vita.

Evelyn De Morgan
Demeter mourning for Persephone, 1906

L'ARCHETIPO KORE, LA FIGLIA

"Mentre giocava con le fanciulle dal florido seno, figlie di Oceano
e coglieva fiori e rose, croco e le belle viole sul tenero prato
e le iridi e il giacinto
e il narciso, mirabile fiore raggiante, spettacolo prodigioso,
e all'effluvio fragrante tutto l'ampio cielo, in alto, e tutta la Terra sorrideva
e i salsi flutti del mare,
attonita, ella protese le due mani insieme per cogliere il bel giocattolo ma si
aprì la terra dalle ampie strade nella pianura di Nisa
e ne sorse il dio che molti uomini accoglie,
il figlio di Crono che ha molti nomi, con i cavalli immortali".

(Omero, da "Inno a Demetra")

Persefone
Dante Gabriele Rossetti 1874

104

Speculare alla dimensione Demetra è l'archetipo Kore, la fanciulla, "la figlia della mamma".

Nel mito è la dea della primavera e, così come ci viene illustrato nel bellissimo Inno attribuito ad Omero, il suo mito è la metafora del passaggio dalla fase di spensieratezza e d'innocenza tipiche della fase adolescenziale allo stato di maturità, un viaggio simbolico che ogni individuo attraversa e che diventa quasi un imperativo a lasciar andare parti fondanti del proprio Io perché superate, in modo che altre, ugualmente importanti e collegate al Sé, possano fiorire.

Kore è il simbolo dell'innocenza passiva, che deve farsi consapevolezza attiva, attraverso la maturità e la presa di coscienza che segue al dolore.

La descrizione del suo rapimento da parte di Ade ci trascina attraverso sensazioni contrastanti: come seguendo una spirale a serpentina, ci innalza e ci fa toccare un mondo estatico dove tutto sembra perfetto, fragrante e pieno di poesia, per poi trascinarci giù nel regno delle tenebre e nello sgomento più totale e ancora tornare su, alla luce, dove ogni illusione di bellezza e perfezione è stata abbandonata, per fare spazio ad un nuovo stato dell'essere, maturo, integrato e completamente trasformato.

Il mito può essere collegato allo step psicoterapico descritto come "perdita dell'innocenza", in cui c'è la resa dell'Io e delle false illusioni infantili a qualcosa di più grande, che permetterà l'aprirsi al vivere vero, perché si sono ritrovati i limiti ed un nuovo equilibrio tra illusione e realtà, tra paura ed aggressività, tra infantilismo e maturità.

Il rapimento di Kore e la sua trasformazione in Persefone è quindi il simbolo del passaggio iniziatico che inconsciamente cerca la donna per la sua individuazione, quando è spinta da certe esperienze ad illuminare gli strati profondi della psiche, che possano trasformare il suo essere passiva in uno stato tutto nuovo, fatto di coraggio e determinazione.

Infatti, è propria della dimensione Kore una certa passività; anche se sono sempre meno le giovani che privilegiano questa sfera dell'essere, per loro "le cose accadono" più che essere agite, sono scelte più che scegliere, come se di fatto non ci fosse una reale partecipazione alla vita, che viene portata avanti di riflesso. L'archetipo è quindi una diretta estensione di quello che Jung definiva della "Donna Anima", che conduce la sua vita modellandosi esclusivamente sulle richieste di chi ama e di chi vuole compiacere.

L'archetipo della Donna Anima.

L'archetipo della "Donna Anima" sta per fortuna scomparendo.

Scelto da sempre meno donne, per quell'aspirazione innata che c'è nella donna ad essere la protagonista della propria vita, l'archetipo si può ancora ritrovare nella tipologia specifica di un femminile morbido ed avvolgente che riesce a sintonizzarsi immediatamente sui bisogni dell'altro, soprattutto se questi è un uomo, con la conseguenza di non riuscire a sviluppare un completo e maturo senso di sé, visto che è interessata a riflettere e a soddisfare i bisogni dell'altro più che a riconoscere, affermare e portare avanti i propri.

E' quindi un archetipo che, nel suo lato luce, pone immediatamente l'accento su una delle qualità più belle della donna: la partecipazione e l'empatia nei confronti dell'altro, la capacità di sintonizzarsi attraverso l'istinto sui bisogni e gli stati d'animo di chi interagisce con lei.

Il lato ombra dell'archetipo è invece molto insidioso, perché inclina la donna a conformarsi alle richieste dell'altro, a soffocare una parte della sua spontaneità perché la giudica non adeguata. E' per questo che la Donna Anima diventa lo specchio di chi le sta di fronte e se questi è un uomo ed è felice, anche lei trae un senso di pienezza da questa felicità, se lui è preoccupato ed ansioso, lei farà sue le preoccupazioni e le ansie dell'altro, conformando sé stessa in tutto e per tutto sul rimando di sentimenti riflessi che non le appartengono.

Scrive Esther Harding ne "La strada della donna": "L'unica grande aspirazione di una donna di questo tipo è quella di piacere, di fare ciò che ci si aspetta da lei, di conformarsi all'idea che l'altra persona ha di lei. Quest'altra persona di regola è un uomo. E' raro che essa si fermi a domandarsi quali siano veramente i suoi desideri e i suoi sentimenti: è soddisfatta se lui lo è, purché egli giunga a questa soddisfazione soltanto attraverso la sua persona".[34]

L'archetipo espone quindi la donna ad una condizione di estrema vulnerabilità psicologica, perché la spinge lontano dal centro interiore a cui fare riferimento e a delegare a qualcun altro la possibilità di sentirsi centrata, in poche parole soddisfatta e completa. Grazie alla sua capacità camaleontica di trasformazione, la Donna Anima riesce ad interfacciarsi con tutti,

---

[34] E. Harding, La strada della donna, Astrolabio Ubaldini 1951, pag. 22

cambiando di volta in volta atteggiamento, come se indossasse un vestito e lo scegliesse a seconda di ciò che le riflette lo specchio che ha davanti. In ogni relazione, non cercherà l'espressione del suo vero Sé, ma la soddisfazione dell'unica immagine di sé in cui, di volta in volta, ha voluto riconoscersi e che garantisce ai suoi occhi l'accettazione da parte degli altri che gliela riflettono.

Dal punto di vista astrologico, è frequente vedere quest'archetipo nella Luna in Gemelli, o nei Pesci o quando l'astro sia in aspetto a Venere, quando non sia stata ancora compiuto e trasformato il potenziale creativo inconscio che lo caratterizza.

Così come l'acqua prende la forma del recipiente che lo contiene, anche la donna "Kore" fa dipendere la sua vita dalle decisioni di qualcun altro, che egli sia un genitore o un compagno o chi, comunque, le possa garantire una vita serena e senza scosse.

"Essere figlia", di un genitore, di un partner o di chiunque possa assumere per la donna il ruolo di madre, perché è soprattutto il materno che si avverte come mancanza, le impedisce inevitabilmente di crescere, di assumersi nel bene e nel male la responsabilità della sua vita.

Ma il mito ci illumina ancora una volta sull'intenzione inconscia di Kore di abbandonare lo stato infantile e passivo, per raggiungere una piena individuazione.

Infatti, la sua volontà di crescere è più forte di ogni identificazione, è lei stessa che si allontana dalla madre per cogliere il narciso, "spettacolo prodigioso", simbolo di una passione nuova che si risveglia dentro di lei così come il narciso, l'araldo della primavera, chiama la natura a risvegliarsi dopo il buio dell'inverno; ed è ancora Kore che accetta di mangiare i semi di melograno che le offre il marito, sebbene consapevole che questo gesto le avrebbe impedito di restare definitivamente con la madre, di vivere per sempre con lei.

Il frutto del melograno infatti, che abbiamo ritrovato anche nel mito di Hera, è il simbolo dell'antico ritorno e della resurrezione; sancisce le nozze divine tra il Cielo e la Terra, tra l'umano e il divino, tra la materia e lo Spirito, ma anche la capacità di confidare nei cicli della vita.

Nel mito si parla di Ade come del "dio che molti uomini accoglie", proprio per significare l'importanza del suo ruolo come demone brutale ma iniziatore.

Così come vuole il mito, anche nell'esperienza terrena, spesso il passaggio da Kore a Persefone è traumatico e improvviso: tanto la giovane Kore si era vista strappare dal suo mondo incontaminato e trascinare nel territorio oscuro degli Inferi, simbolo dell'inconscio personale e collettivo in cui giacciono le parti negate della personalità, allo stesso modo la donna ignara della sua interezza può infilarsi contro la sua volontà in esperienze dolorose di conflitto e di perdita, perché solo grazie alla sofferenza e alla delusione che prova, può smontare certe posizioni radicate che non le appartengono, può imparare a modificare certi atteggiamenti automatici che si sono fatti nocivi e che bloccano il suo flusso vitale; può soprattutto imparare a "dire di no" alle richieste degli altri, a non essere più condiscendente per far fronte soltanto alle sue molte paure e, se dice sì, può farlo con convinzione e in totale onestà con sé stessa, perché ha ormai compreso quali sono le sue priorità e ciò che vuole veramente il suo cuore; a quel punto può servirsi dell'energia che si è sbloccata e resa disponibile proprio perchè ha attraversato il "territorio Persefone".

E il "territorio Persefone" può essere la perdita di un amore o di un progetto a cui si è dedicata una vita intera; può essere la perdita di un'amicizia che si considerava inossidabile; può essere la perdita di un lavoro o di un affetto che riempiva ogni spazio ed ogni angolo della psiche della donna, ma che le impediva anche di aprirsi a dimensioni completamente sconosciute, imprigionandola in una falsa identità: lei non è solo la fanciulla accondiscendente e senza carattere così come la vogliono e le riflettono gli altri, lei può essere molto di più.

"Il ratto e lo stupro" che subisce la giovane Kore è simbolo del rapimento e stupro psicologico della coscienza individuale, quando si trovi di fronte alla rivelazione di nuove dimensioni della psiche, la cui potente energia non si sarebbe potuta sbloccare, se non attraverso il dolore di un'esperienza estrema. E' proprio lo stato di sofferenza quindi, che può aprire alla trasformazione; infatti, così come a Persefone era stato concesso di riunirsi alla madre e quindi alla fonte originaria del suo essere donna grazie all'intercessione di Hermes, messaggero tra l'umano e il divino, tra il materiale e lo spirituale, tra la terra e il cielo, similmente la donna che non si sia ritratta dall'incontro con i bisogni opposti che coabitano dentro di lei e che scindono la psiche tra illusione e realtà, tra rabbia e passività, tra intensità e superficialità, può diventare l'artefice del proprio destino, può rifiutarsi di mettere la sua vita nelle mani di altri, che sia questi un uomo, o chi lei abbia scelto per allargare e nutrire il senso di sé. Solo a quel punto potrà scegliere il "suo" vestito e non quello che pensa sia il vestito migliore per far piacere agli altri.

Solo dopo questo passaggio iniziatico, l'archetipo della "fanciulla" Kore che abbia onorato dentro di sé "la rapita" Persefone, può permettersi di tornare la Kore che era in quei momenti in cui c'è la possibilità di vivere l'esperienza con la freschezza e la spontaneità di una bambina e può rispondere con forza interiore e distacco nei momenti in cui la vita la mette alla prova, ma soprattutto potrà permettersi di restare stupita e meravigliata anche per tutto ciò che, fin quando era solo Kore, non avrebbe mai potuto apprezzare con altrettanta pienezza, perché non aveva ancora vissuto l'intensità e la dolorosità della dimensione "Persefone". L'archetipo è infatti lo specchio di un potenziale creativo fortissimo, che aspetta soltanto di essere liberato. Nel suo lato luce racchiude profondità ed intensità emotiva, nonché la capacità di dedicarsi ad una passione creativa, per un progetto, per un ideale, per un obiettivo da portare avanti, per un qualcosa che dia la possibilità di trascendere i limiti dell'Io ed aprirsi ad una visione più ampia, ad una visione superiore.

Scrive C. Pinkola Estés nel suo "Donne che corrono con i lupi": "Questo spirito bambino è la niña milagrosa, la bambina del miracolo, capace di udire il richiamo, la voce lontana che dice: è tempo di tornare, tornare a sé. E' una parte della nostra natura mediale, che ci forza perché può udire il richiamo quando viene. E' il bambino che, sorgendo dal sonno, dal letto, dalla casa e lanciandosi nella notte ventosa e nel mare selvaggio, ci fa affermare "Dio mi è testimone che io procederò su questa strada", oppure "Resisterò" oppure "Troverò il modo per continuare". [35]

Il nome latino di Persefone, Proserpina, contiene in sé questa trasformazione: "pro-serpe", a favore del serpente, la Kundalini della filosofia indiana, la saggezza arrotolata che deve essere sbrogliata alla radice per portare l'illuminazione. Il serpente è sempre stato un simbolo costante di cura e guarigione nella storia mitica delle antiche religioni d'ogni tempo e luogo. Lo ritroviamo nella tradizione giudaico-cristiana, mentre si avvolge attorno all'albero della conoscenza del bene e del male; lo ritroviamo sulla verga di Asclepio, dio della guarigione, lo ritroviamo come bastone del comando nella storia di Mosé, così come due serpenti s'intrecciavano sul

---

[35] C. P. Estés, Donne che corrono con i lupi, Frassinelli 2009, pag. 288

caduceo di Hermes, il Mercurio che promuoveva la ricomposizione degli opposti e la trasformazione dei metalli vili in oro, in alchimia. E' quindi un simbolo strettamente collegato alla saggezza che fa seguito all'illuminazione proprio di quelle parti oscure che vagano buie nell'inconscio in cerca di luce e che se portate alla coscienza, non avvelenano più la psiche, ma anzi la curano, se ne prendono cura.

Il serpente simboleggia le pulsioni primarie istintive non ancora integrate, contiene quindi in sé l'insieme della cura e del veleno, della vita e della morte, o quanto gli attribuiva Jung "la coscienza inconscia, la saggezza della natura". Non a caso, il termine inglese "poison" veleno, rimanda anche al termine "pozione", secondo un concetto assunto dalla medicina omeopatica, per cui dal giusto equilibrio e dosaggio degli elementi inseriti in una medicina, non esclusi quelli velenosi, dipenderà la possibilità di cura e guarigione.

Persefone regina.

C'è spesso "un prima e un dopo" nella vita della donna che ricerca l'incontro con Persefone, un cambio di pelle, una crisi e, se si va all'etimologia del termine "crisi", si ricava che è di origine greca, usato nella filosofia ippocratica per indicare il passaggio da una situazione di malattia ad uno stadio di cambiamento, dopo il quale cambia, nel bene o nel male, anche il decorso della malattia.

Lo stesso accade nel campo psicologico: la "dimensione Persefone" avvia una svolta, un cambiamento e il cambiamento non può essere interpretato solo come negativo o apportatore di distruzione; anche se è più frequente che la crisi evolva verso la direzione peggiore, proprio per la resistenza che si pone alla paura che è umano provare di fronte all'ignoto, in realtà è proprio l'attraversare il momento di crisi che può permettere alla donna "Persefone" di penetrare l'esperienza che sta vivendo; nel segnare una demarcazione netta tra quello che era e quello che è diventata, nella visione di ciò che è importante per la sua felicità e ciò che invece la trattiene in un limbo di sofferenza, lei può acquistare una maggiore maturità, dando vita ad uno stadio nuovo e non più bambino dell'essere, uno stadio perfettamente consapevole sia dei limiti da dare al potere personale, che non dovrà essere abusato, sia di quelli da dare al potere degli altri, che dovranno riconoscere questi confini.

Questi potenziali, come la consapevolezza del suo valore personale ed il riconoscimento della sua umanità, lei non avrebbe mai potuto scoprire di sè se non attraversando questa tappa evolutiva: è la Kore che diventa Regina.

La fiaba di Raperonzolo. La Kore rapita.

La dimensione "Persefone", nella sua forma più frequente che vede la donna come riluttante a lasciare il suo mondo infantile, illusorio e fantasticato per aprirsi alla verità su sé stessa e quindi alla maturità attraverso il dolore e la sofferenza, può essere ben compendiata dalla fiaba dei Fratelli Grimm: Rapunzel, Raperonzolo.

Questa la fiaba nella versione più famosa: [36]

"C'erano una volta un uomo e una donna che già da molto tempo desideravano invano un figlio, quando finalmente la donna scoprì di essere in attesa. Sul dietro della loro casa c'era una finestrina, da cui si poteva guardare in un bellissimo giardino, pieno di splendidi fiori, circondato però da un alto muro, nessuno osava entrarvi, perché apparteneva ad una strega potentissima e temuta da tutti: la signora Gothel. Un giorno la donna stava alla finestra e guardava il giardino oltre il muro, quando vide un'aiuola dov'erano coltivati i più bei raperonzoli che avesse mai visto; le apparivano cosi freschi e verdi che le fecero gola e le venne una gran voglia di mangiarne. La voglia cresceva ogni giorno e la donna, sapendo che non poteva averne, quasi si consumò ed assunse un aspetto pallido e emaciato".

Abbiamo già incontrato questa condizione di brama dell'Eros nella storia di "Scarpette rosse"; sia la madre di Raperonzolo che la bambina di quella fiaba, archetipi ed espressione dell'Anima/Eros non ancora trasformati, nutrono dentro sè un desiderio/ossessione che, proprio perché irrealizzabile, si fa avidità, un punto focale d'energia potentissima che inonda la psiche e taglia fuori qualsiasi altro interesse; questa condizione fa delle due protagoniste due "rapite", totalmente prese da quest'ossessione ed incapaci di darsi un limite.

---

[36] Le più belle fiabe dei Fratelli Grimm, Ed. Giunti junior, Milano 2005

La presenza del muro che separa due distinte realtà simboleggia la separazione che esiste tra il mondo cosciente dell'Io ed il mondo dell'inconscio collettivo, in cui si originano le immagini arcaiche e le emozioni primordiali innate, contrarie ed indifferenziate, che salgono alla coscienza individuale per costringere la mente a trovare il giusto equilibrio tra loro, modificandole e trasformandole in positivo.

"Il marito che l'amava molto si allarmò ed interrogata la moglie su cosa l'angustiasse, venne a sapere del suo desiderio di raperonzoli, della sua brama per mangiarne uno: "Ah, se non riesco a mangiare di quei raperonzoli che sono nel giardino dietro casa, ne morirò". Fu così che il marito al crepuscolo scavalcò il muro, entrò nel giardino della strega, colse in tutta fretta una manciata di raperonzoli e li portò alla moglie, che ne mangiò avidamente. Ma non se ne saziò: il giorno dopo la sua voglia era triplicata e l'uomo dovette andare un'altra volta nel giardino. Scavalcò di nuovo il muro, ma quando mise piede a terra si spaventò terribilmente perché gli si parò davanti la strega, la signora Gothel, che s'indignò per il furto subito".

Dal punto di vista archetipico, se le figure femminili delle fiabe sono le parti "Anima" della psiche, preposte alla funzione Eros, che dovrebbe spingere la mente verso l'accoglienza e l'accettazione dell'altro, le figure maschili sono quelle "Animus" che, attraverso il Logos dovrebbero ricondurre la mente verso l'azione ragionata e privilegiare il pensiero; in questa fiaba, il padre di Raperonzolo è il simbolo della parte Animus che collude con l'irrazionalità di quella Anima a causa di un principio di Eros che si è fatto malsano; le distorsioni dell'Eros hanno sempre delle basi infantili molto dolorose, delle ferite aperte che stentano a guarire e che continuano ad impedire che l'individuo bilanci ed integri gli opposti dentro di sé senza ricorrere alla proiezione, quando la riconciliazione del maschile e del femminile interni potrebbe essere la giusta e coraggiosa risposta all'interruzione del dominio che Animus ed Anima hanno sulla persona, perché ne condizionano le scelte e di conseguenza la qualità della vita anche nell'età matura. E' per questo che le pretese eccessive dell'Animus e dell'Anima possono essere ridimensionate solo grazie all'intervento della parte razionale e distaccata della mente, che a quel punto può dare alla brama e all'ossessione i giusti confini.

"La strega s'infuriò molto con l'uomo perché aveva osato oltrepassare il muro e rubare i suoi raperonzoli e fu a quel punto che lui le rivelò la malattia della moglie ed il rischio che lei ne potesse morire. La strega allora gli permise di portar via tutti i raperonzoli che voleva ma ad una condizione: avrebbero dovuto consegnarle il bambino, una volta che fosse nato; lei gl'avrebbe fatto da madre, l'avrebbe cresciuto e trattato molto bene. Impaurito, l'uomo accettò e quando la moglie partorì, apparve subito la strega, chiamò la bimba nata Raperonzolo e se la portò via. Raperonzolo diventò la più bella bambina del mondo, ma non appena compì dodici anni, la strega la rinchiuse in una torre altissima che non aveva né scala né porta, ma solo una finestrella in alto. Da lì, Raperonzolo s'affacciava, quando la maga la chiamava e voleva entrare: "Raperonzolo, Raperonzolo, metti fuori il tuo codinzolo." A quel punto, la fanciulla scendeva la sua treccia e la strega vi si arrampicava svelta, entrando nella torre".

Siamo qui di fronte ad un'altra figura archetipica molto frequente nelle fiabe, la maga o la strega, che incarna una duplicità in cui si mescolano gli opposti, così come li troviamo nell'archetipo della Grande Madre e in tutti gli archetipi, ambivalenti e paradossali. Infatti, la maga/strega può essere una figura che nutre e protegge come la Madre Amorosa e allo stesso tempo può farsi divorante e castrante come la Madre Terribile.

Così come avevamo trovato nell'archetipo Demetra il bisogno di prendersi cura costantemente della figlia fino al punto di sostituirsi a lei quasi fosse una sua appendice, similmente la strega di Raperonzolo si fa nutrice e nello stesso tempo carceriera, perché alleva la fanciulla con amore ed ogni cura, ma poi la confina nella torre, bloccando ogni spinta all'indipendenza, ma anche al desiderio, all'azione e all'espressione di sé. Dal punto di vista psicologico, una parte della personalità rimane "murata", dipendente e inerte, incapace di fare esperienze personali e quindi di crescere grazie all'elaborazione dell'esperienza fatta.

La strega può essere quindi associata al bisogno di intorpidimento della parte femminile della psiche per difendersi dal dolore e dalla sofferenza che la rivelazione del mondo numinoso dell'inconscio potrebbe generare, ma è anche il simbolo della necessità individuale di andare oltre le proprie immagini archetipiche affrontandone l'Ombra e trasformando il lato distruttivo e caotico in materno e soccorrevole, perché è stato riconosciuto ed accettato nella sua parte inferiore.

"Dopo qualche anno, avvenne che il figlio del re, cavalcando per il bosco, passò vicino alla torre. Udì un canto così soave che si fermò ad ascoltarlo: era Raperonzolo, che nella solitudine passava il tempo cantando. Subito il Principe cercò di salire ma non trovò una porta che gli permettesse di entrare, tornò a casa ma quel canto l'aveva profondamente commosso finché, un giorno, mentre se ne stava dietro un albero, vide avvicinarsi la strega e scoprì il suo sistema per entrare. Alla richiesta di far scendere i capelli infatti, Raperonzolo sciolse la treccia e la strega vi si arrampicò. "Se questa è la scala per cui si sale, tenterò anch'io la fortuna" pensò il principe e tornato il giorno seguente, ripeté la formula magica che aveva sentito pronunciare dalla signora Gothel: "Raperonzolo, Raperonzolo, metti fuori il tuo codinzolo". Subito dall'alto si snodarono i capelli e il Principe salì".

La figura del Principe è certamente una rappresentazione dell'Animus positivo della psiche, quello che non esita a mettere in moto una serie di azioni coraggiose per permettere che coscienza e inconscio entrino in contatto e si possa avviare l'opera d'integrazione. A differenza del padre di Raperonzolo, che nel consegnare la figlia alla strega simboleggia la parte inferiore e negativa dell'Animus che svende i suoi tesori per paura e mancanza di fiducia nella vita, il Principe ha una funzione superiore: rappresenta la particolare abilità della mente di destreggiarsi nel mondo dell'inconscio, non solo con coraggio e determinazione, ma anche con mezzi che si possono fare poco corretti quando siano troppo forti e radicati i meccanismi razionali di difesa che sbarrano la porta a quel mondo sconosciuto. Infatti, lui non rivela a Raperonzolo di aver visto la signora Gothel e di essere riuscito a salire grazie all'espediente da lei usato.

"Dapprima Raperonzolo ebbe una gran paura quand'egli entrò, perché non aveva mai visto un uomo, ma il principe cominciò a parlarle con dolcezza e le narrò che il suo cuore era stato rapito dal suo canto, al punto da non potersi più separare da lei. I due giovani si amarono e si accordarono di vedersi ogni sera, il principe le avrebbe portato della seta con cui lei avrebbe creato una scala, che le sarebbe servita per lasciare la torre e fuggire con lui. La maga non si accorse di nulla, fin quando Raperonzolo le chiese: "Ditemi, signora Gothel, come mai siete tanto più pesante da tirar su del giovane Principe? Lui sale in un attimo!", "Ah, bimba sciagurata!" gridò la maga, "pensavo di averti separata da tutto il mondo e invece tu mi hai ingannata!".

Furibonda, afferrò i bei capelli di Raperonzolo, li avvolse due o tre volte intorno alla mano sinistra, afferrò con la destra un paio di forbici e li tagliò, ma la sua punizione non si limitò a questo perché con una magia fece ritrovare Raperonzolo in un deserto, dove la fanciulla dovette vagare tra mille stenti, fin quando diede alla luce due bellissimi gemelli".

L'incontro tra la parte femminile Anima e quella maschile Animus è una necessità imprescindibile della psiche di ogni individuo ed assume un valore fondamentale nel percorso d'individuazione della donna, naturalmente spinta ad esprimere innanzitutto il principio di Eros, ma non dimentica della ricchezza ed importanza del suo Logos, del suo Spirito creativo. Sta di fatto che il primo momento di rivelazione dell'Animus agli occhi della donna che non si è ancora incontrata con la totalità del suo lato maschile è certamente una scoperta sconvolgente. Entrare in contatto con una parte di sé che la donna non è stata abituata ad usare, o a riconoscere come propria, genera sicuramente un moto di paura, un ritrarsi che si fa negazione, rimozione e proiezione per anni, finchè lei non comprenderà di come sia fondamentale entrare in relazione con questa parte maschile del Sé. Ma proprio perché il primo momento d'incontro ("la coniunctio minor" dell'alchimia) può non essere veritiero, potrà persistere una fusione di emozioni ed elementi diversi che andranno invece separati, per essere compresi ed individuati nella loro specificità.

Ciò è ben spiegato nella fiaba, in cui si evidenzia la necessità che ci sia una separazione tra il principio femminile simboleggiato da Raperonzolo e quello maschile simboleggiato dal Principe, perché ancora non differenziati e quindi ancora caotici e difficilmente integrabili tra di loro. Prendere consapevolezza degli opposti è un passaggio fondamentale nel processo d'individuazione, perché può rivelare anche il modo per ridimensionare le aspettative inconsce che si pongono su di sé e quindi, di riflesso, sul rapporto con gli altri.

Jung parlava a questo proposito di "partecipation mistique" o "psiche collettiva", una condizione psicologica di totale identificazione tra oggetto e soggetto in cui gli opposti sono fusi, costringendo l'individuo ad identificarsi con uno dei due poli e a proiettare l'altro fuori di sé, che verrà avvertito come estraneo, diverso, nemico, perchè lontanissimo da quello che è stato accettato e riconosciuto dalla coscienza. Il passaggio che l'Io deve fare per differenziare soggetto ed oggetto e tutti gli opposti psichici che lottano tra loro è molto simile alla "separatio" dei procedimenti alchemici, dove le varie sostanze devono essere innanzitutto separate le une dalle altre, analizzate e puntualizzate nella loro struttura e specificità, perché soltanto a quel punto possono essere trasformate e rese nobili.

Allo stesso modo, la "separatio" psicologica permette all'Io di purificarsi dei desideri e degli impulsi non rigenerati che salgono dall'inconscio, dopo averli visualizzati; grazie a questo passaggio, può avvenire una liberazione da tutti quegli elementi infantili ed illusori che impediscono all'Io di farsi maturo, integrato e trasformato, grazie al ricorso ad uno stato intermedio, una dimensione "altra" che si rende disponibile dove tentare di ricostruire l'equilibrio che è andato perduto. Solo dopo questo procedimento di "separazione" si potrà dare vita alla vera "coniunctio", le nozze mistiche tra Sole e Luna e cioè quello scambio tra conscio e inconscio, tra maschile e femminile, tra Animus ed Anima, tra Logos ed Eros, tra Spirito e Materia, gli orientali parlerebbero di Yin e Yang, che può finalmente generare lo Spirito creativo, la "gravidanza" di due gemelli nel caso di Raperonzolo, ma anche di molte altre fiabe che ne tramandano il passaggio fondamentale.

Le parole di Gesù "Sono venuto per dividere, non per unire" (Matteo, 10 :34-36), potrebbero essere un buon esempio per spiegare la paradossale necessità della "separazione" per l'uomo che vuole diventare "UNO", "individuo", non diviso, capace finalmente di autodeterminarsi e compiere sé stesso.

In Astrologia, il processo di separazione è collegato allo Scorpione e al pianeta Plutone. E' nell'ottavo settore dell'oroscopo che l'Io eroico solare deve subire una trasformazione, una spoliazione grazie alla caduta di tutti quegli attaccamenti e sentimenti nocivi, nonché illusioni della fase infantile che non permettono alla coscienza di elevarsi allo stadio superiore che lei stessa ricerca. L'ottava casa dell'oroscopo è equivalente al concetto di "impermanenza" buddista, in cui si è ormai riusciti a lasciar andare ciò che non è più utile alla propria individuazione, ma costituisce solo una zavorra al compimento di ciò che si rivela importante per sé, per il proprio progetto esistenziale, quello che è presente già alla nascita e deve essere realizzato perché l'intera personalità si compia. La carta astrale infatti non ci dice "come siamo fatti", ma "ciò che dobbiamo diventare".

E' molto interessante anche notare come il simbolo del narciso nel mito di Persefone, sia qui sostituito dalla domanda/lapsus che Raperonzolo fa alla strega, sul come mai lei fosse così tanto più pesante del Principe nella sua ascesa alla torre, che rivela essenzialmente il tendere automatico della psiche verso la completezza, anche a costo di spalancare una porta sull'ignoto e su conseguenze dolorose, così come sarà per Raperonzolo abbandonata gravida nel deserto tra mille stenti e così come sarà per Persefone, imprigionata tra le ombre degl'Inferi.

"Dopo aver scacciato Raperonzolo dalla torre, la strega aspettò che il Principe salisse per incontrarsi con l'amata e fu allora che gli si rivelò, mettendolo di fronte alla terribile notizia che mai più avrebbe rivisto Raperonzolo in vita. Fu a quel punto che il Principe, sconvolto dal dolore, si gettò dalla torre, ebbe salva la vita, ma le spine di rose fra cui cadde gli trafissero gli occhi. Per molto tempo andò errando cieco per boschi e foreste, piangendo e lamentandosi per la perdita dell'amata. In questo girovagare, capitò nel deserto in cui Raperonzolo viveva fra gli stenti, coi due gemelli che aveva partorito, un maschio e una femmina. Il giovane udì una voce che cantava e gli sembrò ben nota: si lasciò guidare da essa e quando si avvicinò riconobbe Raperonzolo che pianse di gioia nel vederlo di nuovo al suo fianco; fu allora che due delle sue lacrime inumidirono gli occhi del Principe, che riacquistò la vista e portò Raperonzolo nel suo regno facendola Regina, dove vivono ancora felici e contenti".

I passaggi finali della fiaba introducono elementi di notevole interesse dal punto di vista simbolico e psicologico. Innanzitutto, il riconoscimento che il maschile ed il femminile interni non cessano mai di cercarsi, a tal punto da sopportare sfide incredibili pur di ricongiungersi e dare vita ad "una cosa sola"; infatti, l'esperienza desertica di Raperonzolo è il simbolo della necessità da parte della psiche di attraversare un territorio di privazione di tutto ciò che non risulta essere essenziale al ricongiungimento, tra rinunce e stenti, ma anche nell'intima consapevolezza di portare in sé il germe di una nuova vita. E' così che la "resistenza" che coltivano sia la fanciulla che il Principe nel cercarsi senza perdere la speranza non è collegabile all'ostinazione del desiderio verso un qualcosa d'impossibile, così come aveva rivelato l'atteggiamento della madre di Raperonzolo, ma piuttosto alla perseveranza che si fa dura come il diamante, alla consapevolezza e alla lungimiranza che solo il riunirsi del maschile e femminile interni può dare vita all'unità, all'integrità e alla guarigione necessari alla psiche.

Il pianto del Principe che è divenuto cieco per la luce abbagliante dei desideri non educati dell'Eros, per la convinzione ostinata di risolvere tutto con il ragionamento, con l'astuzia o la forza della volontà, simboli della presunzione della mente di potersi negare all'inconscio, diventa l'atto liberatorio che sgorga dal cuore per riequilibrare quella luce, per ricontattare la parte Eros di sé e miscelarla con la parte Logos, troppo forte, sicura della riuscita ed irrigidita sulle sue posizioni. Il Logos che si nega all'Eros, infatti, perde umanità, si fa cinico, spietato ed incapace di evolvere. Sono quindi l'atto di coraggio di Raperonzolo/Anima, sola ed abbandonata nel deserto a cercare sé stessa e l'atto d'umiltà del Principe/Animus che fa della sua cecità/debolezza la radice di una forza nuova, la molla evolutiva per il ricongiungimento ed il compimento dell'intero processo. E' questa la "coniunctio maior" degli Alchimisti, l'atto finale che decreta l'integrazione tra coscienza ed inconscio, dopo che gli elementi femminili e maschili della psiche, abbozzati e latenti nel profondo dell'inconscio, possano finalmente ricongiungersi all'interno del Sé individuale, per permettere la nascita di una nuova personalità, una coscienza sanata, integrata e totalmente rigenerata, la "quintessenza" degli alchimisti, il "Lapis" arcano racchiuso nell'uomo, che è il presupposto per la sua redenzione, per la sua immortalità.

Almeno in potenza, ciascun essere umano è il sale del mondo, è il centro dell'Universo, è il cuore della vita.

E' per questo che gli alchimisti vedevano proprio nell'uomo la manifestazione di Dio, perché è solo grazie all'opera dell'uomo che il Divino può essere liberato dalle tenebre della materia ed esprimersi. La fine della fiaba, di tutte le fiabe aventi come intento la ricongiunzione del maschile col femminile, segna l'inizio della vita reale. Da quel momento in poi, l'individuo può cominciare ad interagire con gli altri usando il suo intero potenziale, disciplinando e rendendo positivo l'archetipo che non cesserà di esistere, ma diventerà una guida comportamentale e non più una possessione, né il giudice di un incomprensibile destino. L'archetipo sarà stato interiorizzato e da dentro potrà illuminare le scelte che si faranno sempre più consapevoli, autonome, soddisfacenti e soprattutto libere.

Scrive Jung in "Mysterium Coniunctionis": "L'Eros può comparire in due forme, o con amarezza o con saggezza. Lacrime, sofferenza e delusioni sono amare, ma in ogni dolore la saggezza funge da consolatrice". [37]

---

[37] C.G.Jung, Mysterium Coniunctionis, Opere,vol. 14, Bollati Boringhieri, Torino 1980

UNIONE E SEPARAZIONE IN ASTROLOGIA

"In lontananza, udì qualcosa andare in pezzi,
come ceramica caduta per terra.
Era solo il rumore del suo cuore in agonia".
T. Umrigar

Nella fiaba di Raperonzolo, sono presenti archetipi maschili diversi, addirittura contrapposti tra loro. Abbiamo visto come il maschile nella donna sia collegato da Jung all'archetipo primordiale dell'Animus, che ha una componente collettiva ed una personale. La prima contiene il riassunto dell'esperienza della donna con l'uomo e col maschile attraverso i secoli; la seconda sarà forgiata sulle luci ed ombre del primo uomo con cui la donna è entrata in contatto, il padre o altre figure fondamentali della sua infanzia, e soprattutto sarà indicativa della qualità affettiva delle emozioni che ha provato scambiando con loro.

Scrive Donald Kalsched, citando Jung, nel già citato "Il mondo interiore del trauma": "Il fondamento essenziale della personalità è l'affettività. Pensiero e azione non sono, per così dire, che un sintomo dell'affettività". Continua Kalsched: "Per Jung, l'affetto è il principio organizzatore centrale della vita psichica, perché lega assieme componenti altrimenti discrepanti della mente (sensazioni, idee, ricordi, giudizi), dando a ciascuno di essi un tono "affettivo" comune". [38]

Si sa che l'Astrologia umanistica, affondando le sue radici e motivazioni sul pensiero junghiano, è un'Astrologia del profondo che dà la massima importanza al vissuto infantile della persona, alle esperienze emotive, perché su quelle esperienze lei strutturerà in un certo modo l'ossatura razionale della mente, dove verranno anticipati i futuri processi consci, che condizioneranno anche le scelte dell'età matura.

Partendo dal fatto che il Sole, in Astrologia, simboleggia non solo il

---

[38] D. Kalsched, Il mondo interiore del trauma, Moretti & Vitali Editori, Bergamo 2001, pag. 150

"padre", ma soprattutto il tipo di rapporto emotivo che si è avuto con lui nella prima infanzia, la letteratura astrologica mette in evidenza una certa difficoltà a vivere in maniera fluida e soddisfacente le relazioni d'amore quando il Sole di una donna venga toccato contemporaneamente dai due archetipi astrologici collegati ai pianeti lenti Nettuno e Plutone. Nonostante i due pianeti siano entrambi considerati dall'Astrologia "femminili", proprio perché lavorano attraverso emozioni estatiche e fantastiche il primo e pulsioni istintive ed innate il secondo, si fanno fortissime e difficilmente conciliabili tra loro le spinte a cui inclinano, perché risulta particolarmente difficile equilibrarle tra loro, col risultato di una scissione continua tra passività ed aggressività, tra bisogno di fusione ed autonomia, tra spirituale e materiale, tra idealizzazione e principio di realtà.

Infatti, la capacità di gestire questo mondo emotivo così ricco diventa davvero complicata perché accanto alla parte estatica che simboleggia Nettuno, accanto al bisogno di perdersi e contattare dimensioni sublimi così lontane dal nostro essere terreni e finiti, si affianca nell'individuo l'altrettanto forte desiderio di sperimentare il suo potere personale, nonché i limiti ed i freni che dovranno essere dati a questo potere, perché possa compiersi la trasformazione che simboleggia Plutone. E se per l'uomo potrebbe risultare più semplice cercare una via di mezzo tra queste pulsioni bipolari, perché naturalmente spinto a servirsi della sua mente razionale per gestire il mondo degli impulsi e delle emozioni, per la donna sembra più complicato esprimerli contemporaneamente, tanto da scegliere nella maggioranza dei casi di vivere le emozioni positive dell'uno e proiettare all'esterno quelle che possano indurre sofferenza, perché difficili da gestire.

Infatti, l'archetipo nettuniano rimanda ad una figura paterna sicuramente molto idealista e pervasa da sentimenti di bontà ed umanità; un uomo anche sensibile, forse un artista o molto religioso, o comunque lontano dallo stereotipo paterno che fa leva soprattutto sulla forza e sull'autorità. C'è anche da dire che quando c'è un Sole che si lega a Nettuno, ci sono aspettative molto forti proiettate da parte del figlio sulla figura paterna, che dovrebbe rispondere ad un modello ideale di uomo così come la parte luce dell'archetipo vorrebbe. In più, il Sole Nettuno simboleggia spesso un padre cangiante ed in difficoltà ad esprimere le sue emozioni a tal punto da diventare poco decifrabile e sfuggente, fino a costringere il figlio a dargli forma e spessore attraverso la fantasia, anche immaginando ed idealizzando ciò che obiettivamente non era dentro lui.

120

La presenza congiunta di Plutone, poi, rivela che la figlia coglieva nel padre qualcosa di potente che voleva tenere celato; come se lui nascondesse una ghianda oscura ed impenetrabile nel fondo della sua anima, che non voleva far uscire in superficie, ma che veniva colta e subito avvertita dal sensibilissimo inconscio della figlia, che con lui stabiliva un contatto. Così come un amo che pesca dentro un lago, apparentemente tranquillo e porta su qualcosa da sotto, allo stesso modo la figlia pescava nell'inconscio del padre e, specchiandosi in lui e nelle sue profondità emotive, cominciava a confrontarsi con le proprie, per quella spinta automatica della psiche che la induceva a sondarne contorni e segreti.

La donna con Nettuno e Plutone che toccano il Sole, in tutti gli aspetti che scambiano tra loro i due pianeti, è spesso passata da piccola attraverso quest'altalena emotiva di sentimenti: da sensazioni bellissime di devozione e d'affetto, quasi un innamoramento perché si sentiva importante ed apprezzata dal suo papà, perché si sentiva utile ed ammirevole per quella vena sacrificale che sempre contraddistingue il Sole Nettuno fin da piccolino, a sensazioni più complesse e molto spiacevoli, che provava quando lui la rimproverava o le faceva avvertire un senso di rifiuto, che annullavano in un attimo tutte le rassicurazioni d'affetto e d'ammirazione che lei aveva letto negli occhi paterni fino a quel momento e provocavano come uno strappo, una ferita sul senso di valore personale e sull'autostima che lei stava faticosamente mettendo insieme da quando era al mondo.

D'altra parte, forti e contraddittori sono i tutti i sentimenti infantili: il bambino, soprattutto nella fase così detta "edipica", che si colloca tra i quattro, cinque anni di vita e che l'Astrologia pone sugli assi Cancro/Capricorno, Leone/Acquario, si sente unico e speciale e in quest'ottica guarda al mondo che lo circonda come se lui fosse il sole attorno a cui girano gli altri pianeti; una metafora che sta significare quanta energia, quanta carica vitale, ma anche quanta illusione, velleità e poco senso delle giuste proporzioni ci sia in questa fase così antica della vita infantile.

Il bambino vuole sentirsi "unico e speciale" non solo per la madre, che è il primo punto di riferimento nella sua vita, ma anche per il padre che entra nel binomio madre/figlio attorno ai tre anni e, se si tratta di una bambina, assume anche il ruolo di oggetto inconscio del desiderio infantile, così come la madre diventa tale per il figlio maschio; sarà quindi il padre la persona che lei vorrà maggiormente compiacere per ricevere apprezzamento, stima e riconoscimento; sarà nei suoi occhi che specchierà il suo valore personale e soprattutto sarà il padre che lei non vorrà deludere o tradire. Su lui proietterà tutta la sua parte più bella, ammirevole e degna d'amore, così come vuole l'archetipo di Nettuno, certa che lui le rifletterà per sempre quest'immagine divina, l'unica in cui è portata ad identificare sé stessa.

Si stabilirà tra loro una tacita intesa, interpretata dalla mente infantile come un sodalizio, un patto, d'affetto e stima reciproca che li unirà e li terrà legati e che nella mente della bimba si legherà anche con l'archetipo della durata, e cioè con l'idea che quest'amore totale e ricambiato possa durare per sempre e per sempre regalare felicità.

Da Nettuno a Plutone.

Poi, nel bel mezzo di quest'idillio d'amore, in cui tutto appare perfetto e lievitano a dismisura le fantasticherie infantili, quasi sempre succede un fatto, uno screzio tra i due che li allontana e che la bambina interpreta come un voltafaccia, un rifiuto da parte del padre di cui si sente però l'unica responsabile e che la getta nella disperazione più assoluta; ma c'è anche la rabbia ed il risentimento per essere stata respinta e messa da parte, proprio nel momento in cui stava dando di più, è stata abbandonata; un vero e proprio tradimento che getta un'ombra su quel regno incantato.

Da quel preciso momento, il piccolo mondo infantile crolla e si crea una ferita sul senso di valore personale e sull'autostima: la bambina non è più al centro di quel mondo dorato che, all'improvviso, si è fatto oscuro e pieno di sofferenza.

E anche quando il padre si dedicherà a lei con l'atteggiamento di sempre, l'unico che conosce e che può agire nei confronti della figlia, alla bambina sembrerà niente rispetto all'affetto totale ed incondizionato che aveva letto un tempo in quegli occhi, un mondo d'amore che resterà intatto nella memoria come un paradiso perduto, un giardino dell'Eden da cui è stata cacciata e a cui – a tutti i costi - vorrà fare ritorno.

E' chiaro che provare questi sentimenti d'adorazione e d'innamoramento, misti a sensazioni di rifiuto e d'impotenza, provoca nella psiche infantile una lacerazione per l'ambiguità dei diversi stati d'animo che si scatenano insieme: la bambina si accorge di amare e di odiare allo stesso tempo, non tanto il padre, che continuerà ad essere idealizzato e giustificato, ma soprattutto sé stessa, per non essere stata all'altezza di tanto amore, per aver sicuramente fatto un qualcosa di sbagliato nei suoi confronti, emozioni assolutamente ingestibili dalla mente di un bambino di pochi anni di vita, se non attraverso i due più immediati meccanismi di difesa della mente: la Negazione e la Rimozione.

Così, mentre la bambina conserva nella memoria cosciente l'affetto e l'ammirazione per la figura paterna, ricordando solo i bei momenti passati con lui e gli apprezzamenti che c'erano stati nei suoi confronti; ricordando quando lo aiutava in qualche difficoltà o, nell'illusione della sua mente infantile, addirittura lo "salvava"; ricordando gli incoraggiamenti ed apprezzamenti quando lei obbediva alla sua volontà, spinge nell'ombra dell'inconscio i sentimenti di delusione e svalutazione, non li ricorda più. Ma rimuove anche il senso di colpa che aveva sentito per aver deluso le aspettative paterne, perché imputa solo a sé stessa la causa di quel cambiamento; e rimuove anche il risentimento e la rabbia verso sé stessa per non essere stata all'altezza di quelle aspettative; e infine rimuove la voglia di rifarsi e in qualche modo riscattarsi per l'umiliazione e la vergogna provate; spinge nell'ombra Plutone e si àncora stretta a Nettuno, dimenticando in un solo attimo il ricordo di tutte quelle sensazioni negative e distruttive, che è incapace di elaborare a livello razionale.

Delusione, amarezza, rancore, bisogno di risarcimento e senso di colpa cadono in quel momento nell' "ombra" come un sasso gettato nell'acqua, non lo si vedrà più, ma lui resterà lì, nell'inconscio, come una presenza ingombrante e minacciosa e sarà una delle pesanti valigie con cui la bambina si metterà in viaggio ed andrà verso il mondo maschile, s'innamorerà e porterà avanti le sue storie con l'uomo. Sarà infatti sulla totalità di quelle emozioni che lei modellerà la sua mentalità, che costruirà i suoi sistemi di difesa, nonché i comportamenti e gli atteggiamenti che la porteranno in maniera automatica ad orientare le scelte in amore, ad attirare un certo tipo di uomo, che sarà lo specchio fedele delle sue ambivalenze interne e di quello che c'è ancora da illuminare dell'interezza della sua natura.

E mentre non esiterà, una volta adulta, a riconoscere le mancanze e le inadeguatezze negli uomini di cui si innamorerà, quando la deluderanno nelle sue aspettative e nelle richieste d'affetto, l'unico modello d'amore perfetto che ha incatenato la sua memoria cosciente, l'archetipo paterno, continuerà ad essere come un totem intoccabile, protetto dal ricordo e dal rimpianto di quello scambio ideale, ma anche barriera insormontabile alla porta dell'inconscio, che rimarrà murata ed inaccessibile, come una prigione dorata.

Sarà quindi importante per la donna tornare a quel periodo antico della propria storia e cercare di ridefinire la figura paterna ripulendola di tutte le proiezioni ed i desideri illusori provati, restituendole quell'umanità che è necessaria alla donna per riscoprire la propria.

Questo non significherà demolire la figura paterna, ma anzi restituire al padre e a sé stessa una nuova vita, perché lui non sarà più quell'immagine divina e totalmente idealizzata dai suoi occhi infantili, ma semplicemente un uomo con i suoi pregi ed i suoi difetti e la donna, accettando nel padre l'umanità rivelata, sarà in grado di riconoscerla anche negli altri, soprattutto nel cuore e nella mente dell'uomo che vorrà amare.

Il rapporto con gli uomini.

Infatti, se non ci sarà un confronto interno in questo senso - confronto che è difficile attuare prima dei trent'anni - la donna si esporrà ad incontrare all'esterno quanto ha rifiutato di sé e che giace sul fondo dell'inconscio e tutti gli uomini di cui si innamorerà e con cui relazionerà nella sua vita diventeranno lo strumento per rintracciare in sé stessa una parte immatura della sua natura, che va illuminata per essere integrata nella coscienza e fatta crescere.

Questo è il motivo per cui spesso dietro gli amori che suscita Nettuno la donna rischia di vedere ciò che non c'è, ma solo quello di cui ha bisogno la sua anima per rinnovare quello stato di pienezza che aveva avvertito nella prima infanzia, quando era entrata in contatto per la prima volta con le sensazioni d'idealizzazione e d'amore perfetto, ma anche con l'amarezza della disillusione, sentimenti che dovrà sperimentare di nuovo per poterli umanizzare.

Infatti, ciò che non è stato elaborato dell'archetipo legato a Plutone riemergerà attraverso le relazioni dell'età adulta, che diventeranno lo strumento esatto per poter completare lo sviluppo ed il raggiungimento di una coscienza integrata. Sarà proprio la presenza di Plutone a permettere alla donna di uscire dall'infanzia, da uno stadio d'immaturità sentimentale, dove lei stessa non vuole restare. Sarà il suo inconscio ed i sentimenti plutoniani più sconvolgenti che proverà gradualmente nella storia d'amore a fornirle la chiave per la sua emancipazione, a permetterle di trovare la via per raggiungere il senso di sé, della sua interezza, il rafforzamento della sua autostima, che non avrebbe mai raggiunto, se non passando attraverso la delusione che un Nettuno non ancora integrato simboleggia.

C'è una particolare predisposizione nella donna nettuno/plutoniana ad essere una "Raperonzolo", o una Kore violata.

"Il tradimento" che potrebbe essere stato avvertito nell'infanzia è ben rievocato dall'atto del padre di Raperonzolo che non esita un attimo a consegnare la figlia alla strega Gothel, facendo un patto scellerato con lei; ciò significa che spesso, nella donna nettuno/plutoniana c'è anche un complesso negativo di madre, una figura di riferimento che rimane passiva, che non interviene in suo favore, o le cede un modello femminile in cui la figlia non può identificarsi.

Scrive ancora Donald Kalsched ne "Il mondo interiore del trauma": "La figlia che si è identificata con l'inconscio del padre viene presa nelle inflazionanti fantasie di essere speciale e di avere un "segreto speciale" condiviso con l'adulto idealizzato, cade nella malia del padre ed è perduta per la propria vita". [39]

La fiaba "La vecchia del bosco".

L'identificazione con l'Animus negativo paterno, a livello astrologico, di solito è rivelata ed appoggiata non soltanto da un Sole che si lega a Plutone, ma spesso c'è anche la presenza di una Luna segnata da diversi aspetti disarmonici, per cui l'interpretazione che spinge la donna ad identificarsi nel padre si amplifica per la presenza di una figura materna che non sostiene, non aiuta a strutturare una sana identità femminile, entra in competizione con la figlia, impedendole di vivere in maniera equilibrata la scoperta del suo femminile.

Le qualità positive dell'Animus, personificate dal Principe sono danneggiate dalla presenza di un'Anima femminile solo apparentemente protettrice, ma con una ghianda oscura di aggressività, che viene tenuta celata. A questo proposito, si può ricordare la fiaba dei Fratelli Grimm "La vecchia nel bosco", che può essere la metafora di un percorso verso

---

[39]D. Kalsched, Il mondo interiore del trauma, Moretti & Vitali Editori, Bergamo 2001, pag. 237

l'essenzialità e la riscoperta dei veri valori, l'unico che può sconfiggere l'Ombra personale e ridare centratura alla personalità della donna. [40]

"C'era una volta una povera servetta che attraversava un bosco nella carrozza dei suoi padroni; quando furono nel mezzo della boscaglia, saltarono fuori dei briganti ed uccisero tutti tranne la fanciulla che aveva fatto in tempo a saltare giù dalla carrozza. Quando i briganti se ne furono andati, lei si avvicinò ai suoi padroni morti ed iniziò a piangere accoratamente su quella disgrazia "Misera me, come farò? Come uscirò da questo bosco? Sicuramente morirò di fame!". Dopo aver girato e girato in cerca di una via d'uscita s'inginocchiò sotto un albero ed iniziò a pregare, chiedendo aiuto al buon Dio".

La fiaba ci porta direttamente in una situazione drammatica e traumatica, metafora della condizione in cui si trova la psiche quando debba affrontare il buio dell'inconscio. Le difese che erano state messe fino a quel momento dalla mente crollano, non ci si può più affidare a loro e si inizia a vagare come dentro un labirinto in cerca di una via che faccia superare quel momento di smarrimento e confusione che si sta attraversando. Il simbolo dell'albero è certamente molto significativo in questo momento di scoraggiamento: l'albero è fonte di vita e di futuro, perché se pur ancorato alla terra con le sue radici e quindi simbolicamente collegato alla capacità della mente di vedere la realtà del presente tenendo a mente quella passata, si protende verso il cielo; l'albero è il "ponte" che può collegare passato, presente e futuro, quando si debbano operare dei cambiamenti alla propria struttura mentale che ha bisogno di aprirsi a nuove interpretazioni. L'affidarsi della fanciulla a Dio è lo specchio della possibilità che ha la mente di riconoscere quando l'individuo non sia nella capacità umana di risolvere una prova, ma debba cercare la risposta in qualcosa che sia posto fuori della propria capacità di controllo, fuori dalla convinzione di essere onnisciente e dotato di poteri sovrumani.

La condizione di "servetta" della fanciulla è quindi il simbolo dello stato della psiche della donna quando sia ancora inconsapevole delle proprie potenzialità; ci si è sempre appoggiati a qualcuno che decideva cosa fare, a un simbolico "padrone" che ha impedito alla donna di auto-determinarsi, di

---

[40] Le più belle fiabe dei Fratelli Grimm, Ed. Giunti junior, Milano 2005

trovare il coraggio di dirigere la propria vita in maniera attiva, prendendo su di sé anche la fatica di questa responsabilità.

"Dopo un po' venne in volo un colombo bianco che portava nel becco una piccola chiave d'oro. "Con questa serratura puoi aprire la porticina nell'albero – le disse – troverai quello che cerchi e non patirai più la fame. La ragazza fece così, si avvicinò all'albero e trovò una scodellina di latte e pane bianco da inzuppare, così poté mangiare a sazietà. Quando si fu sfamata, pensò a quanto sarebbe stato bello andare a dormire in un bel letto e fu così che tornò di nuovo il colombo con un'altra chiave d'oro e le suggerì di tornare all'albero, lì avrebbe trovato un letto per riposare. Così fu e la fanciulla ringraziò il buon Dio e gli chiese di proteggerla per la notte, a quel punto si addormentò. La storia continuò allo stesso modo per un po' di tempo: la fanciulla trovò anche i vestiti, belli e ornati di pietre preziose, talmente ricchi e sontuosi che nemmeno la figlia del Re li aveva. "Così visse per qualche tempo e tutti i giorni veniva il colombo e le procurava tutto il necessario ed era una vita tranquilla e felice".

Dopo l'atto di affidamento a qualcosa di esterno a sé, arrivano i frutti del dono di aver conservato la fiducia e la speranza di potercela fare, nonostante il momento difficile e denso di incertezze. Il colombo è il simbolo dello Spirito, è lo Spirito Santo del Nuovo Testamento, nonché metafora di tutti quegli elementi collegati allo spirituale di cui è ricco l'animo umano. E' quindi la capacità di poter sublimare una certa esperienza, trascendendo, dopo averlo penetrato, il momento di dolore e di sofferenza che si sta attraversando.

Scrive Jung sulla "sublimazione", procedimento fondamentale dell'Opera alchemica: "Ascesa e discesa, altezza e profondità, movimento verso l'alto e verso il basso descrivono una realizzazione degli opposti sul piano emotivo la quale conduce o deve condurre gradualmente ad un livellamento degli stessi". [41]

In Astrologia, la sublimazione è collegata al nono settore dell'oroscopo e al pianeta Giove, da sempre messo in relazione con la fortuna ed il benessere.

Secondo l'Astrologia umanistica, però, la fortuna a cui si riferisce il

---

[41] C. G. Jung, Mysterium Coniunctionis, Opere, vol. 14, Bollati Boringhieri, Torino 1980, pagg. 212, 213

simbolo gioviano non è soltanto collegata ai beni materiali, ma anche ad una particolare disposizione dell'anima a non abbandonare la fede nella vita, nell'ordine superiore delle cose, soprattutto in quei momenti in cui sembra impossibile risolvere da soli una prova.

Come archetipo di fiducia, pienezza e potere creativo, Giove è in grado di dare impulso nuovo a che non si interrompa il percorso di trasformazione, quando subentrino incertezze e timori e venga a mancare la speranza di andare avanti, di potercela fare.

E' grazie alla carica energetica di Giove, infatti, che noi possiamo riprenderci dopo momenti di sconforto o di dubbio; lui irrompe nel nostro cielo quasi sempre in periodi critici da cui non riusciamo ad uscire e, attraverso la sua energia di Fuoco, permette di recuperare il coraggio e la fiducia che altrimenti andrebbero perduti; attraverso gli insights che ci invia come fulmini in grado di aprire un varco nel nostro cielo, ci permette di visualizzare qualcosa che "va al di là" del momento di sconforto e di amarezza che stiamo provando ed apre a nuove soluzioni.

"Un giorno il colombo tornò e stavolta fu lui a chiedere alla fanciulla un favore: sarebbe dovuta andare nel bosco dove c'era una casetta abitata da una vecchia. "Guardati bene dal darle risposta quando ti saluterà – disse il colombo - ma vai dritta verso la stanza sulla destra, aprila e portami l'anello più semplice che si trova sul tavolo". La fanciulla seguì le istruzioni che il colombo le aveva dato: arrivò alla casa nel bosco, entrò e vi trovò la vecchia che la salutò ma lei non rispose; dovette anche lottare con lei che voleva sbarrarle la strada ma finalmente vide il tavolo con una straordinaria quantità di anelli e gioielli di tutti i tipi; iniziò a cercare e cercare l'anello semplice e liscio che gli aveva chiesto il colombo, ma non lo trovò; girandosi, vide la vecchia che provava a fuggire con una gabbietta in mano, dentro la quale c'era un uccellino con l'anello semplice e liscio nel becco. Trovò il coraggio di strapparlo alla vecchia e fuggì per tornare dal suo colombo. Ma lì dove pensava di trovarlo, non c'era nessuno se non un albero su cui lei, stanca e provata, si appoggiò per riprendere fiato; ed ecco le parve che l'albero diventasse morbido e flessuoso, che chinasse i suoi rami e d'un tratto i rami la strinsero ed erano due braccia; quando lei si girò, l'albero si era trasformato in un giovane bellissimo che l'abbracciava e le parlava così: "Tu mi hai liberato dall'incantesimo: la vecchia è una strega e mi ha trasformato in un albero, appropriandosi del mio anello; ero io il colombo bianco che ti veniva a trovare, ma dovevo riavere il mio anello per riconquistare il mio aspetto umano!" Il giovane era infatti il figlio del re e fu talmente grato alla sua salvatrice che la volle per sposa, la portò al suo castello e fu così che la servetta divenne Regina".

Il colombo è un simbolo luce dell'archetipo dell'Animus, che vuole esprimersi nel suo lato Spirito, luminoso e superiore, una volta che la fanciulla si trova a dover risolvere da sola la prova in mezzo al bosco. Fin quando era "serva" e quindi aveva un ruolo, seppur modesto, non sentiva nessuna pressione interiore ad essere "altro", perché il ruolo le garantiva quell'accettazione che le permetteva di sentirsi amata ed integrata.

Lo stesso accade alla donna che deve liberarsi della "Persona" e cioè dell'identificazione con un ruolo che le impedisce di essere sé stessa nella sua interezza e che di solito un evento traumatico, una perdita, una separazione, spingono a cercare. E il nutrimento del suo Spirito, della forza da rintracciare in sé stessa nei momenti di difficoltà, non tarda ad arrivare: il colombo la nutre, le permette di potersi riposare, l'accudisce in ogni suo desiderio, così come accade alla donna che si rivolge alle sue forze interne quando quelle esterne sembrano crollare.

Il suo Animus viene in suo soccorso rassicurandola e sostenendola, grazie ai sogni, ai ricordi, agli eventi sincronici, alle intuizioni che si dispiegano ancor più di quando si sentiva sostenuta nell'appoggiarsi a qualcuno all'esterno, adesso è in grado di farlo da sola, perché ha ritrovato la fiducia in sé stessa e nella vita.

Ma, la ritrovata sensazione di completezza spinge ad approfondire ancora. Di solito, quando dopo un evento traumatico si riesce a risollevarsi, la psiche torna a pungolare perché, dopo che ci si è riuniti con alcune parti positive del proprio Sé, si ritorni a cercare, ad approfondire questo dialogo interiore tra coscienza ed inconscio che, secondo Jung, non può avere mai fine, essendo l'essenza della vita stessa. L'Animus positivo deve andare in cerca della parte negativa dell'Anima, nella fiaba rappresentata dalla strega del bosco. Una volta che il complesso paterno è stato elaborato, la donna si accorge che deve tornare indietro sul rapporto avuto col femminile, con la madre, perché è proprio il femminile e l'interpretazione che lei ne dà a sbarrare la strada dell'individuazione.

Scrive Murray Stern, ne "Il principio d'individuazione, Verso lo sviluppo della coscienza umana": "Perché "il cattivo" non è un uomo? Questo ci fa intuire che, in fondo in fondo, chi controlla da dentro una donna, è una donna. Non la "madre buona", la madre che dà nutrimento e amore, la mare che si prende cura, ma la madre che tradisce".[42]

Anche in questa fiaba, c'è la presenza della Madre Terribile che deve essere trasformata. Spesso, per poter diventare artefice della propria vita, per poter scoprire il "tesoro" racchiuso nel suo cuore, la donna deve ritrovarsi come "donna", deve ritrovare la sua essenza femminile; dopo aver contattato le radici profonde e spirituali della sua parte maschile, nutrendo sé stessa con quanto le dà piacere e la sazia, deve provare a recuperare la Madre Amorosa interna, collegata alla sua capacità di riconoscere come i valori del femminile siano in fondo "semplici" e naturali, se sgrossati di tutte costruzioni mentali e i condizionamenti che sono gravati sul femminile, ma anche sul rapporto tra i sessi, dalla notte dei tempi.

La fiaba conferma in tutto e per tutto lo sforzo a cui si deve sottoporre la donna se vuole compiere la sua individuazione. Ricorrono infatti tutti i simboli che abbiamo illustrato precedentemente, sia nel mito di Kore, che riesce a diventare Regina, dopo essersi affrancata dalla dipendenza e dalla passività del suo Eros, sia nella fiaba di Raperonzolo, dove il complesso paterno e materno visualizzati e trasformati in positivo, possono diventare il substrato per una vera rinascita.

La Kore violata – L'abuso fisico.

Affrontiamo ora un altro aspetto della Kore, in quella che è la sua parte più tragica, in particolar modo in questi tempi in cui la donna sta diventando il capro espiatorio di una rabbia maschile collettiva non elaborata e che affonda le sue radici nella notte dei tempi.

Quando la violenza e l'abuso coinvolgono la sfera fisica, la dimensione "Persefone" è certamente l'orrore più grande che una donna possa attraversare, perché non viene risparmiata nessuna fibra del suo essere, né quella mentale, né quella psicologica, né quella fisica e visto che noi siamo innanzitutto fatti di corpo, prima ancora che di mente e di psiche, l'abuso fisico o sessuale diventa una preclusione perenne alla vita, da cui sarà

---

[42] M. Stein, Il principio d'individuazione, Verso lo sviluppo della coscienza umana, Moretti & Vitali, Bergamo 2006, pag. 72

difficilissimo se non impossibile riprendersi, a tal punto che la psicologia americana definisce le vittime di abusi, "the survivors", "i sopravvissuti", per i quali sembra quasi impossibile qualsiasi guarigione.

Nella donna che è stata vittima di un trauma, c'è spesso l'inconscia rimessa in atto di un abuso subito nell'infanzia, di un trauma segreto e reiterato che ha fatto sì che la coscienza si chiudesse gradualmente alla possibilità di contattare l'inconscio, proprio perché è nell'inconscio che si sono stratificati i sentimenti di vergogna, impotenza e terrore, che si sono legati al trauma antico.

Fortissimo è il senso di colpa che si sviluppa all'interno della psiche, quasi una necessità dell'abusato di trarre qualcosa di utile dall'evento angosciante, una necessità di giustificare attraverso il senso di colpa l'aggressore, che mantiene così un ruolo di dominio totale sulla vittima.

E l'aggressore è di solito un familiare, un compagno, una persona che è coinvolta affettivamente con la donna, che a qual punto non riesce più ad uscire da un labirinto di tortura, violenza e sopraffazione, in cui la costringe la paura.

Il binomio Luna/Marte.

In Astrologia, gli archetipi che rimandano ad un territorio di violenza e di abuso fisico sono spesso collegati ai pianeti maschili Marte e Plutone, quando si leghino a quelli femminili, Luna e Venere. E' chiaro che non basta che i pianeti siano in contatto; il trovarli in temi di personaggi storici il cui valore è indiscusso e tramandato come un bene assoluto dell'umanità, deve far riflettere come l'energia planetaria in sé e per sé non sia né cattiva né positiva, ma semplicemente a disposizione dell'individuo, che se ne servirà a seconda della sua consapevolezza e del grado evolutivo raggiunto.

Il binomio Luna, Venere/Plutone e Luna, Venere/Marte si ritrova spesso nei casi in cui la violenza e la prevaricazione colorano un'esistenza; si tratta di un'energia potentissima che deve trovare una conciliazione tra il bisogno di sicurezza, d'empatia e condivisione che cerca la Luna, nonché il bisogno d'esprimere amore simboleggiato da Venere ed il contemporaneo bisogno d'intensità, di trasgressione e coinvolgimento emotivo a cui spingono Marte e Plutone; infatti, i due pianeti, dall'energia maschile, sono da sempre messi in relazione con la forza e l'affermazione di sé, ma anche con le pulsioni viscerali ed istintuali più profonde, che risalgono ai primordi della storia.

In particolare, nel binomio Luna/Marte, si delinea un territorio psichico specifico in cui, così come si temono le esperienze estreme, con la stessa intensità inconsciamente si ricercano, per l'intima convinzione che sia proprio nel contatto con certe situazioni limite che si possa riuscire ad elaborare la scissione che ferisce l'anima.

In chi deve gestire questi binomi astrologici, c'è spesso una storia infantile fatta di abusi, fisici e psicologici, gravi e prolungati, in cui è stato distrutto e sconvolto ogni tentativo normale di difesa della psiche.

Paradossalmente, se da una parte la Luna tende a far conservare alla donna uno stato passivo e apparentemente rinunciatario, contemporaneamente e per la presenza di Marte, pianeta dinamico di Fuoco, l'eccitazione viene tenuta alta dai sentimenti marziani aggressivi negati e latenti, che finiscono per far entrare la donna in situazioni di pericolo contro la sua volontà cosciente, permettendole di farle riagganciare e tentare di sanare le emozioni sconvolgenti che il trauma antico aveva generato e che erano state rimosse dalla paura.

Scrive la psichiatra Judith Lewis Herman della Facoltà di Medicina di Harvard, nel suo "Guarire dal trauma": "Gli eventi traumatici causano cambiamenti profondi e durevoli negli stati di eccitazione fisiologica, nelle emozioni, nella cognizione e nella memoria e possono inoltre separare queste funzioni normalmente integrate l'una dall'altra. La persona traumatizzata può esperire un'intensa emozione senza avere una chiara memoria dell'avvenimento, oppure ricordare ogni particolare senza emozionarsi. Può anche trovarsi in uno stato di costante vigilanza e irritabilità, senza sapere il perché. I sintomi da trauma hanno la tendenza a scollegarsi dalla loro origine e a prendere una vita propria".[43]

Sappiamo che la Luna in Astrologia è importante tanto quanto il Sole per garantire all'individuo un sano rapporto con sé stesso e col mondo. La Luna simboleggia la madre, l'infanzia e tutto quel corredo di nutrimento fisico, psicologico ed emotivo che sta alla base della interpretazione razionale dell'età matura di sentirsi accettati, accolti ed amati.

La fase infantile è un periodo di estrema dipendenza nei confronti di chi ha il compito di nutrire e sorreggere il bambino, uno stadio fragile e vulnerabile in cui si raggiunge l'equilibrio tra i vari bisogni proprio grazie alla capacità della figura materna di fare "da ponte" tra l'esterno e l'interno del

[43] J.L Herman, Guarire dal trauma, Ma.Gi. 2007, pag. 117, pag. 51

bambino.

Si tratta quindi di una doppia funzione, di collegamento con l'esterno e contemporaneamente di sbarramento a tutto ciò che potrebbe nuocere al bambino, che non è ancora in grado di difendersi da solo.

Ma la parola "madre" non fa pensare solo alla donna che porta in grembo, dà alla luce e nutre il suo bambino, "madre" è soprattutto l'archetipo del nutrimento psicologico, della capacità di sentirsi protetti e sicuri ed è per questo che simboleggia anche l'accettazione, il proteggere, l'accogliere sé stessi in prima persona, perché ci si è sentiti accolti, protetti ed accettati per quello che si era, più che per quello che si faceva, o diceva, o mostrava.

Questo passaggio fondamentale perché si strutturi, proprio sulle emozioni che si provano a livello istintuale, un sistema mentale equilibrato e portato ad un sano scambio interpersonale, è concentrato nei primissimi mesi di vita, quando la madre deve operare nei confronti del bambino come una sorta di "filtro", capace di tradurre l'esperienza in maniera che le emozioni indotte dalle prime esperienze vengano, per così dire, setacciate ed adattate alla psiche immatura del figlio.

Se è stato possibile godere di quest'azione di filtro, di contenimento emotivo, di rassicurazione ed accettazione, se sarà possibile fare un bilancio positivo tra quello che è stato mediato e quello che invece è mancato alla luce di un'educazione equilibrata, sarà allora anche possibile affrontare le crisi dell'età adulta in modo risolutivo, perché non sarà andata perduta la speranza interna di andare oltre le ferite emotive, che la condizione infantile inevitabilmente e naturalmente porta con sé.

Per chi invece sia stato vittima di abusi psicologici o fisici reiterati, per chi non ha potuto contare sulle persone di riferimento perché è da queste stesse figure che veniva perpetrata l'offesa, il lavoro sarà molto più complesso e difficilissimo da risolvere con i soliti sistemi di cura. Quando Marte ferisce la Luna, le emozioni sono sempre a livelli insostenibili, perché insostenibile era la condizione emotiva a cui la persona era sottoposta durante l'infanzia. Di solito è stata vittima di abusi fisici e di estrema violenza che hanno prodotto un substrato di rabbia, vergogna, senso di colpa ed impotenza che, se si intende riprenderlo in mano nell'età adulta, finisce col generare la stessa sofferenza che era stata provata nell'età infantile, proprio per la riluttanza della donna abusata a varcare quella soglia.

In più, vista la particolare dinamicità dell'archetipo marziano che spinge a cercare situazioni forti e dall'alta carica adrenalinica, si stabilisce un particolare sistema psicologico che spinge inconsciamente la persona a ricercare esperienze a rischio, perché è nel rischio e nel successivo trauma che ne è seguito che si è impostato lo schema automatico, che ha strutturato l'impalcatura della mente.

Quando Marte incontra la Luna, più la situazione è carica di rischio, più è ricercata ed inconsciamente attratta.

La mente si scinde dal corpo, interrompendo qualsiasi comunicazione tra la coscienza e l'inconscio e la normale architettura del mondo psichico interiore si disintegra e crolla. Il dramma di questo aspetto astrologico archetipico è che la sua risoluzione passa proprio attraverso la ripetizione di quanto è stato sperimentato nell'infanzia, perché solo il rinnovarsi dell'intera tematica può spingere la persona ad indagare sulle sue emozioni e su quanto il suo vissuto infantile danneggiato incida ancora sul rapporto con gli altri.

Scrive Aldo Carotenuto nel citato "Integrazione della personalità": "Se il rapporto primario è stato conduttore di tradimento, solo la possibilità di vivere e ripercorrere, all'interno di una relazione sana, le fasi dello sviluppo, elaborandone gli aspetti negativi ed abbandonandosi con fiducia all'azione ristrutturante del rapporto stesso, potrà fornire gli strumenti per superare la negazione di sé ed aprirsi ad una dinamica trasformativa". [44]

E' questo il motivo per cui spesso le donne vittime di aggressioni e di violenza non hanno la capacità di denunciare i loro aggressori. Loro sentono inconsciamente che la via della ripetizione di alcune tematiche oscure, può essere illuminata soltanto attraverso un rapporto intenso, uno scambio relazionale che possa dare loro l'opportunità di guarire certe ferite.

Spesso, c'è un atteggiamento di giustificazione del comportamento dell'uomo, un bisogno di vedere nella violenza una "motivazione d'amore", perché nella psiche si è formato uno schema mentale che ha legato l'amore con la rabbia ed il potere.

Il compito di conciliare i due archetipi è sicuramente difficile, ci sarà spesso un inclinare della donna verso uno dei due poli della dinamica, quasi sempre quello lunare, al punto da rivelare un atteggiamento vittimistico, oppure autolesionista e inconsciamente diretto verso l'inerzia e l'autodistruzione. Troppo forte la paura di affrontare la scissione interna; il

---

[44] A. Carotenuto, Integrazione della personalità, Bologna 2007, Tascabili Bompiani, pag. 181

binomio infatti, fa sì che quando si attiva uno dei due poli, automaticamente scatta l'altro e tutte le emozioni spiacevoli in esso contenute.

Ma l'archetipo è anche un polo di potente energia trasformativa.

Luna/Marte è la così detta "Luna dei maghi", che dona la possibilità di visualizzare in anticipo ciò che agli altri è difficile prevedere.

Proprio l'aver toccato vertici emotivi altissimi in un tempo così precoce, permette alla donna di servirsene nei momenti cruciali della sua vita, trasformando l'energia psichica che si sprigiona in intuizioni e visioni profetiche, in sentimenti che si fanno purissimi, e che sono di questo binomio astrologico la più bella qualità.

Infatti, ascoltando il richiamo delle sue parti sane che non sono state violate, sentirà il bisogno di riconoscere ed integrare la sua aggressività, che è rimasta sepolta nell'inconscio per antiche paure, trasformandola in una "caldaia" d'energia creativa e positiva, perché ormai integrata col bisogno d'amore e di mediazione a cui anela la sua psiche.

Prendendo consapevolezza e padronanza del suo alto potenziale emotivo e creativo, della sua grande capacità d'amare e del diritto di esprimere i suoi bisogni e desideri anche se si scontrano con quelli degli altri, la donna comprenderà finalmente il rispetto che deve a sé stessa, alla sua integrità, alla sacralità del suo corpo, che nessuno dovrà più permettersi di violare e potrà finalmente e a buon diritto sperimentare la tenerezza e la dolcezza dell'amore, liberandosi definitivamente di una vita di violenza e brutalità.

Riconoscere la dea.

Dopo l'esposizione delle due categorie di dee, mitiche e psicologiche, si può ben intuire come sia di fondamentale importanza per la donna osservarsi nelle varie occasioni in cui ci può essere un conflitto interiore a fare una scelta, individuare a quale dea si sta dando voce e se sia il modello giusto da esprimere in quel preciso momento della propria esistenza; si può anche comprendere quale sia la dea più attiva, quella che rappresenta l'essenza della donna nelle sue inclinazioni, nei valori che apprezza e negli obiettivi che vuole perseguire, senza per questo ignorare tutte le altre dee e costringerle al silenzio.

Infatti la donna può anche comprendere se si stia facendo possedere dalla parte ombra dell'archetipo e quindi porle un limite, un ridimensionamento, magari ascoltando la voce di altri archetipi, capaci di fornire un equilibrio diverso e più naturale a quanto sta vivendo, al "qui ed ora" dell'esperienza che la vita le sta proponendo.

Dal giusto equilibrio tra le varie inclinazioni, tra i vari modelli innati nella psiche, sarà anche più facile per la donna attivare la "dea giusta al momento giusto", senza ostinarsi a privilegiare un'identificazione, ma permettendo a tutte le dee di potersi esprimere con spontaneità, grazie alla capacità d'individuare il momento in cui è importante affidarsi all'una e mettere in secondo piano l'altra, senza per questo perdere i suoi doni, che verranno usati in un altra occasione.

Le "dee Vulnerate", che spingono la donna a vivere "sulla pelle" l'esperienza, ad esprimere se stessa attraverso una partecipazione intensa ed appassionata alla vita, potranno essere affiancate dalle "dee Vergini", grazie alle quali la donna riuscirà a trovare una qualche forma di distacco, di capacità di distanziarsi dalle potenti emozioni in maniera da non esserne travolta, ma anzi utilizzandole in altri campi dell'esperienza, attraverso l'arte, la musica e in tutti quei settori dove lei può convogliare il suo ricco potenziale creativo.

Di contro, se la donna è maggiormente affine ad un modello di "dea Vergine", potrà di tanto in tanto concedersi di vivere un'esperienza partecipata ed intensa, capace di scaldare la sua più intima radice di donna, di aggiungere sapore alla sua esistenza, senza per questo dover abdicare ai suoi principi, alla sua inclinazione e tendenza di fondo, che rimarrà l'unica "stella polare" che guida la sua strada, la "costante" fondativa di tutta la sua vita.

Un aiuto a fare scelte consapevoli, a che la donna rimanga centrata sulla propria natura fondamentale, senza privarsi degli insegnamenti dell'esperienza, lo può fornire il modello Afrodite, la dea della bellezza e dell'amore che, se pur fondamentalmente libera ed indipendente nelle scelte, non si negava all'esperienza ma vi aderiva totalmente, dopo aver acquistato una visione chiara e completa di ciò che desiderava e voleva raggiungere per sentirsi appagata.

L'ARCHETIPO AFRODITE

O Musa dimmi le opere di Afrodite dorata,
Dea di Cipro che infonde il dolce desiderio negli déi
e domina le stirpi degli uomini mortali
e gli uccelli che volano nel cielo e tutti gli animali,
quanti, innumerevoli, nutre la terra e quanti il mare:
tutti hanno nel cuore le opere di Citerea dalla bella corona.

(Omero, da "Inno ad Afrodite")

Abbiamo già accennato all'intuizione della psicologa J. S. Bolen sulla completezza e maturità dell'archetipo Afrodite, "la dea alchemica" come l'ha definita, perché capace di operare come agente di collegamento tra le varie tensioni e spinte inconsce all'interno della psiche femminile, grazie alla capacità dell'archetipo di utilizzare il potere della mediazione e dell'apertura di cuore, per rappresentare e tutelare il valore dell'affettività.

Come già evidenziato, la psicologia junghiana è una "psicologia affettiva".

Sebbene Jung abbia dato un valore preminente alla funzione spirituale, che dovrebbe essere sempre tenuta presente nel percorso d'individuazione come l'unico grande fattore in grado di dare significato e scopo alla vita terrena, resta il fatto che è l'affetto il principale motore della vita psichica e se è da come ci siamo sentiti amati e dalle esperienze emotive che abbiamo fatto in questo campo che è poi dipesa la nostra capacità di scambiare amore, non c'è dubbio che l'archetipo Afrodite entra di diritto in questa tematica e colora in maniera potente le modalità di vivere, sentire ed esprimere l'amore, ma anche quel sentimento di accoglienza, accettazione e gratitudine al mistero della vita.

Il mito.

Esistono varie versioni della nascita di Afrodite, dea dell'amore e della bellezza, la Venere dei Romani.

Oltre a quella che la vede figlia di Poseidone, ci sono la versione riportata da Omero che la vuole figlia di Zeus e di Dione, dea degli oracoli e l'altra più diffusa riportataci da Esiodo, secondo la quale la dea nacque in seguito all'atto di evirazione dei genitali di Urano, il dio del Cielo, da parte del figlio Cronos e della loro caduta nelle acque del mare vicino Cipro.

In seguito a questo atto violento, "trascinati i genitali dal mare per lungo tempo, spuma bianca sorse dalla carne immortale e da essa nacque la dea".[45]

Per questo motivo, tra i molti appellativi con cui è ricordata la dea, c'è quello di Urania, figlia di Urano.

I suoi miti mettono l'accento non solo sulla sua bellezza, sulla grazia e

---

[45] Esiodo, Teogonia, Nascita di Venere, Mondadori, Milano 2004, vv. 193-206

sulla capacità di infondere amore e meraviglia a chi le si rivolgeva, ma anche sulla sua duplice natura di donna volubile e capricciosa, che dispensava o negava i suoi favori a seconda del momento o dell'obiettivo che voleva raggiungere.

Questo è il motivo per cui il suo modello è diventato nel suo aspetto peggiore sinonimo di donna priva di scrupoli, narcisista e che fa della sua bellezza e del fascino che dalla bellezza deriva, le sue armi preferite, senza curarsi dell'altro, ma solo concentrata sulla conquista e sul piacere personale.

Gli stessi attributi di Afrodite, collegati ai suoi molti nomi, mettono l'accento sull'ambiguità e polarità dell'archetipo: se infatti è Dorada-La dorata, Polikilòtron-Seduta su un trono variegato, Basilis-Regina, Morfo-Dalle belle forme, è allo stesso tempo Melainis-La nera, Pandemia-La seduttrice, Anosia-L'empia, Dolòploke-La tessitrice d'inganni, proprio a significare che il suo archetipo non si sottrae all'ambivalenza di tutti gli archetipi dell'inconscio collettivo e di come stia poi alla donna riconoscere le varie parti "venusine" che si muovono dentro di lei, sia quelle luce che quelle ombra, ed essere in grado di diventare responsabile e consapevole a quale di queste due parti sta dando vita.

Ad una lettura più profonda, poi, si possono trovare nell'archetipo Afrodite simboli precisi di trasformazione, collegati alla sua qualità principale di figlia del Cielo (Urano), capace di gettare un ponte tra i bisogni esclusivamente personali dell'Ego e l'amore vero, quello che interroga prima il cuore per poi scegliere secondo una scala di valori che non sono semplicemente passati per "passaggio di testimone" da una generazione all'altra, ma si è fatta personale.

L'archetipo Afrodite è il primo "insegnante" della donna, è grazie ad Afrodite/Amore che riusciamo a conoscere in maniera esatta ciò che è in linea coi nostri valori, con il nostro Sé profondo, con la nostra Verità.

Nel mettere davanti alla donna il potenziale del femminile collegato alla sua radice naturale, l'archetipo la mette anche in guardia dall'usarlo solo per il proprio tornaconto, o per tessere una rete d'inganni che chiude all'amore per l'altro, anziché promuovere un ampliamento della coscienza, assecondando l'intrinseca capacità di sviluppo ed evoluzione racchiusa nell'archetipo, prima eccellenza e ricchezza del mondo femminile.

L'OPERA ALCHEMICA

*"L'attenzione dell'alchimista
non verte sulla propria redenzione per grazia di Dio,
bensì sulla liberazione di Dio dalle tenebre della materia".*

C. G. Jung

Nel trattare l'archetipo Afrodite, mi sono voluta ispirare all'alchimia, o come la chiamava Jung "il mistero dei misteri", visto che le riconosceva grandi analogie con il difficile percorso d'illuminazione dell'animo umano, con il tentativo di ricomposizione degli opposti e con il raggiungimento dell'individuazione.

La Grande Opera, così come veniva chiamata dagli alchimisti, era una disciplina che aveva come scopo primario quello di creare la mitica *Pietra Filosofale*, o Elisir di lunga vita, attraverso la fusione dei metalli di base per trasformarli in oro, considerato il metallo nobile per eccellenza, in grado di garantire l'immortalità.

Gli alchimisti medioevali, in particolar modo quelli rinascimentali, erano molto sensibili al mito, in particolar modo davano un'importanza fondamentale ai pianeti e al loro significato e ruolo simbolico. Secondo Paracelso, grande medico e alchimista svizzero della fine del '400, proprio attraverso il simbolo e quella che la filosofia junghiana definisce *immaginazione attiva*, l'alchimista aveva "il potere di moderare i cieli, muovendosi da stella a stella", diventava egli stesso "stella" e quindi poteva liberarsi dai vincoli del destino, auto-determinarsi ed elevarsi spiritualmente.

Scrive Jung in "Ricordi, sogni, riflessioni": "Solo dopo che l'alchimia mi fu divenuta familiare capii che l'inconscio è un processo e che la psiche si trasforma o si sviluppa a seconda della relazione dell'Io con i contenuti dell'inconscio". [46]

Gli stadi del processo alchemico quindi, non sono che l'esatta metafora del percorso junghiano di purificazione della coscienza che, resa torbida dalle passioni e dagli attaccamenti, dai condizionamenti e dalle cariche energetiche indifferenziate, nonché dalle spinte collettive, coscienti ed inconsce che hanno dominio sull'Io e ne bloccano l'individuazione, è chiamata dall'inconscio personale a rientrare in contatto con la sua interezza e permettere la nascita di uno stadio conclusivo totalmente rigenerato, il Sé junghiano, l'archetipo della completezza.

Il processo alchemico ha diverse fasi, dalla "morte" del metallo, o "prima materia" della *Nigredo*, messa in relazione all'inizio dell'opera di purificazione dell'Io attraverso l'incontro con gli opposti, si poteva passare alla creazione della "seconda materia" dell'*Albedo*, messa in analogia alla rivelazione della "coscienza di sé", legata a Venere, principio femminile di verità ed amore, simbolo dell'Anima junghiana.

Nella *Rubedo* poi, la coscienza di sé venusiana, incontrandosi con Marte, principio maschile di forza e volontà, diventava coscienza di relazione, che non a caso la Bolen chiama "coscienza Afrodite", trasformando ed elevando la libido, l'energia psichica che spinge l'Io/metallo vile a ricongiungersi col Sé/oro vivente, per dar vita al *Lapis*, la "terza materia", la Pietra Filosofale.

La visione junghiana della libido quindi, diversa da quella freudiana che la riconduce esclusivamente alla pulsione sessuale, porta alla conclusione che l'energia psichica ha bisogno della dinamica dei contrari per dare il meglio di sé. Le passioni, i moti dell'animo, le contraddizioni e le tensioni che si

---

[46] C.G. Jung, Ricordi, sogni, riflessioni, BUR, Milano 1998, pag. 254

generano nella psiche ed il conseguente desiderio di risolverli sono il necessario presupposto a che si generi quella spinta propulsiva, quella corrente energetica necessaria ad elaborare le cariche distruttive per trasformarle in creative, in un moto continuo e perenne di purificazione.

Infatti, se da una parte si deve riconoscere l'impossibilità da parte della coscienza di poter integrare completamente l'inconscio per il continuo divenire che impregna il mistero della vita, è proprio l'energia psichica il presupposto che spinge a non fermarsi, ad andare avanti, per approdare a stadi migliorativi dell'essere, in un continuo sforzo di tensione verso il Divino.

Partendo da un procedimento molto sofisticato e rigoroso che si serviva di nozioni di metallurgia, di chimica e di fisica, l'alchimia apriva alla metafisica, alla trasformazione e al miglioramento interiore, visto che fisica e metafisica a quei tempi non erano disgiunte ma concorrevano, ciascuna nelle proprie specificità, a questo scopo.

Allo studio dell'Alchimia medioevale e rinascimentale, Jung dedicò diversi scritti; esaminò attentamente il processo alchemico, le sue tematiche fondamentali, i suoi simboli, nei quali rintracciò una stretta somiglianza fra il mondo immaginario degli alchimisti ed il mondo dei sogni, sia quelli che faceva lui stesso, sia quelli dei suoi pazienti, fino ad arrivare a mettere in analogia la Pietra filosofale con il Sé, ma anche con la possibilità di ricongiungere sé stessi all'Amore divino.

Murray Stein ci ricorda come fu proprio il processo alchemico della "separatio" quello che diede impulso al personale percorso d'individuazione di Jung. Alcuni suoi viaggi geografici infatti, come quello di tre mesi che fece in Africa, lo aiutarono a comprendere meglio il bisogno imperioso di differenziazione dagli schemi collettivi, attraverso la necessità di operare una "separatio" dalla cultura europea, per poter pervenire alla "coniunctio" con la specificità della sua natura.

Venere alchemica.

In questo cammino che possiamo definire mistico che deve compiere l'Io per elevare sé stesso, è fondamentale lo strumento della percezione: l'Arte Alchemica, perché di arte si tratta, è l'Arte della Percezione e la percezione la si può sensibilizzare ed esercitare in vari modi, primo fra tutti

142

quello che Jung definiva dell'*Immaginazione attiva*.

Nel suo "Jung e l'immaginario alchemico", Jeffrey Raff, analista junghiano, si diffonde sull'importanza della funzione simbolica nella pratica dell'alchimia, capace di accompagnare l'alchimista durante il viaggio di creazione dell'oro filosofale.

Attraverso l'elencazione e l'illustrazione dei vari simboli alchemici, gli emblemi, l'autore insiste sull'importanza del simbolo e dei sogni per accedere al pozzo immaginativo dell'inconscio collettivo, per interagire con immagini arcaiche spontanee, con figure di sostegno che possono aprire alla funzione intuitiva della mente, la *Funzione trascendente*, che fa da ponte per permettere alla coscienza di trovare nell'inconscio le risposte più appropriate a molte tensioni, paradossi e contraddizioni che coabitano nell'animo umano. [47]

Il metodo dell'*Immaginazione attiva* infatti, applicato al mondo onirico per esempio, punta su un dialogo immaginale tra l'Io ed i contenuti dell'inconscio, non rifiutando ciò che emerge come irrazionale o incomprensibile, ma accogliendolo ed interagendo con esso.

Assumendo una posizione attiva che permetterà di raggiungere un piano intermedio di confronto immaginale, non del tutto conscio né solo inconscio, si potranno anche visualizzare e dipanare i contenuti opposti che provocano agitazione e tentare di riequilibrarli in una sintesi nuova, sciogliendone la tensione.

Attraverso l'*Immaginazione attiva*, alla quale si può accedere anche grazie alla meditazione e all'incontro con la propria interiorità, ci si può sintonizzare sull'ascolto di alcune parti inconsce che chiamano per essere riconosciute, si possono approfondire lati della propria natura collegati ai vari archetipi, grazie ad una nuova capacità di riconoscere quale attivare in quel momento dell'esperienza e quale mettere a tacere, di quale servirsi per avanzare sulla strada evolutiva e di quale sbarazzarsi perchè inutile allo scopo, se non dannoso.

Solo attraverso la *Funzione Trascendente*, si può giungere ad una dimensione "altra" che permetta anche di operare una scelta che non sia collegata solo a valutazioni razionali o interpretazioni personali, nè agli schemi collettivi, che bloccano la tensione innata verso l'individuazione.

---

[47] J. Raff, Jung e l'Immaginario alchemico, Edizioni Mediterranee, Roma 2008, pagg. 43-44

Venus Verticordia.

Nel percorso alchemico di trasmutazione da una condizione materiale a quella spirituale, Venere/Afrodite, simbolo dell'Anima cognitiva junghiana, occupa sicuramente un posto fondamentale, indispensabile perché si compia l'intero processo di elevazione, favorito dall'incontro con la bellezza, sia essa contenuta nella natura, nell'arte, nella musica, nella poesia, o comunque in tutto ciò che ispira armonia, equilibrio ed amore.

Scrive Aldo Carotenuto in "Integrazione della personalità": "La bellezza deve essere considerata come forza attivatrice delle energie creative dell'individuo e la sua repressione come una manovra funzionale al depauperamento del sogno individuale, a favore di un adattamento passivo ed accomodante".[48]

Dante G. Rossetti, Venus Verticordia, 1868

---

[48] A. Carotenuto: Integrazione della Personalità, Bompiani 2007, pag.166

Gli alchimisti perseguivano la bellezza dell'anima.

Nel loro viaggio di ricerca, sapevano che dopo aver attraversato "l'oscura notte" della *Nigredo*, dopo aver permesso all'anima di fare esperienza della materia e dei limiti che questa impone, attraverso la mediazione di Venere, "la dorada" della mitologia, potevano accedere alla fase di mezzo del processo alchemico, l'*Albedo*, che faceva da ponte a quella della *Rubedo*, in cui la Pietra poteva rivelarsi.

Questo ruolo di mediatrice che aveva il pianeta in alchimia è ben espresso anche in Astrologia, dove Venere, signora del Toro e della Bilancia, accompagna l'Io verso l'incontro col Tu, che è innanzitutto un incontro con l'innata tensione all'armonia e all'amore che, preesistendo all'Io stesso, sono la sua più grande eredità. E' Venere che, attraverso lo stupore naturale che ci coglie di fronte a qualsiasi forma di perfezione estetica, grazie al sublime che queste visioni esterne producono all'interno attraverso moti spontanei ed estatici del cuore, è come se *ci costringesse all'amore*, permettendoci di uscire dal guscio narcisistico dell'Io e facendoci aprire all'altro; è per questo che i Romani parlavano di "Venus Verticordia", che apre i cuori, perché alcune dimensioni emotive si possono sperimentare soltanto attraverso percezioni più sottili che sfuggono al filtro dell'intelletto; attraverso il desiderio di partecipare dell'Amore divino che si manifesta nel creato, Venere/Afrodite proietta l'Io verso il Sè, dove è celata la fonte espressiva di ogni creatura.

Venere presiede a qualsiasi forma creativa, al di là di ogni paura, al di là di ogni esitazione; grazie a Venere noi lasciamo il territorio dell'ordinario e del finito, e quindi il segno della Vergine e le sei case sotto l'orizzonte ed entriamo nello straordinario e nell'Infinito, dalla Bilancia ai Pesci, in cui s'incontra l'altro da sé e si dà vita allo scambio creativo. La creatività che simboleggia Afrodite nella sua parte più bella è la forza scatenante che sorregge il mondo, un processo istintuale che travalica qualsiasi dimensione e porta la donna in stretto contatto con la sua fonte originaria, con la sua capacità di dare la vita, con la sua percezione di "essere la vita".

Scrive J. Bolen nel citato "Le dee dentro la donna": "Afrodite è una forza immensa di cambiamento. Attraverso di lei fluiscono attrazione, unione, fertilizzazione, incubazione e nascita di una vita nuova. Quando questa sequenza ha luogo tra uomo e donna su un piano puramente fisico, viene concepito un bambino. Ma la sequenza è identica anche in tutti gli altri processi creativi: attrazione, unione, fertilizzazione, incubazione e nuova creazione". [49]

Ma perché Afrodite possa operare all'interno della psiche femminile come una dea ispiratrice e sostenerla nelle scelte della sua vita, si deve iniziare da quello che gli alchimisti chiamavano "l'amor di sé" e cioè il rispetto e l'accettazione della nostra natura più completa, della nostra umanità, perché solo riconoscendo l'imperfezione del nostro essere terreni e finiti possiamo scoprire il potenziale divino ed infinito che è racchiuso in ognuno di noi.

Scrive lo psicologo clinico Giampiero Ciappina nel suo "Manuale di Cinematerapia": "L'amore per sé si esercita quando l'individuo comincia a riconoscere e rispettare i propri bisogni e i propri progetti, comincia a riconoscere e rispettare la propria identità autentica, cominciano a cadere tante maschere di falsa identità e tanti falsi comportamenti che hanno avuto solo funzioni difensive; si innesca a questo punto un nuovo processo, una sorta di circolo virtuoso che lentamente, ma progressivamente, eleva l'energia complessiva della persona". [50]

E il primo stato d'animo in cui si incontra l'amor di sé e quindi il rispetto della propria interezza, è sicuramente lo stupore.

Gli alchimisti davano un valore fondamentale a quella che definivano "l'esperienza dello stupore".

Ritenevano che fosse fondamentale per l'uomo adulto coltivare e conservare dentro di sé lo stupore che è proprio dell'età infantile, perché è solo stupendosi di qualcosa all'esterno che l'uomo può toccare la propria essenza più vera, quello di cui è capace, il suo valore specifico ed essenziale, quello che lo può portare a contattare il divino che è nascosto dentro di lui, grazie ai suoi potenziali e alle sue qualità.

Contemporaneamente, dovrà elaborare lo stupore che proverà quando s'incontrerà con i lati inferiori della sua natura, gli unici che possono ancorarlo e fargli mantenere il contatto con la propria umanità.

Nel dipinto del Botticelli, "La Calunnia", che l'artista dipinse nel 1496 e che gli alchimisti rinascimentali proponevano tra le opere capaci di accompagnare il percorso alchemico ed il valore della percezione visiva, procedendo da destra verso sinistra, vediamo che le due figure conclusive

[49] J. S. Bolen, Le dee dentro la donna, Astrolabio Ubaldini 1991, pag. 228
[50] G. Ciappina, P. Caprini, Manuale di Cinematerapia, Edizioni Istituto Solaris, Roma 2007, pag. 151

146

sono l'allegoria del Rimorso, vestita di nero e Venere, che impersona la "nuda Verità".

Rimorso è l'emblema dello stupore che si prova di fronte all'Amore che si fa bene assoluto ed unica Verità; il gruppo delle figure sulla destra, buie e sconvolte da sentimenti inferiori, allegorie dell'Ignoranza, primo fra tutti i sentimenti inferiori per gli Orientali, del Sospetto, del Livore, dell'Insidia, dell'Invidia e della Frode, è come se trovasse una sintesi nell'ultima figura oscura, quella di Rimorso che, mentre è ancora protesa col corpo verso la scena violenta che si sta svolgendo sotto i suoi occhi, volge lo sguardo a Venere con inquietudine, con sbigottimento, con stupore: è lo stupore che si prova per la facilità con cui la Bellezza e l'Amore ci fanno abbandonare i sentimenti inferiori e ci elevano; è lo stupore per il desiderio innato di tendere alla completezza, alla nuda Verità. Non a caso il grande chimico alchimista Paracelso diceva che "l'alchimia è l'unico modo per separare la Verità dal falso".

Leggiamo ancora Aldo Carotenuto: "La contemplazione del bello accende nell'anima il desiderio di compiere sé stessa e di generare a sua volta bellezza ed ogni sua mortificazione comporta anche un impoverimento della dimensione desiderante. Assistiamo oggi a quella che chiamo "l'astrazione del desiderio": svincolato dalle sua radici istintuali, il desiderio perde il suo oggetto, se ne allontana, relegandolo nelle regioni dell'assenza o dell'idealizzazione. E' un'operazione di lento tradimento della nostra dimensione interiore, una repressione che l'individuo paga col malessere dell'anima". [51]

Ma potremmo anche attribuire un altro significato a questo bellissimo dipinto: la "nuda verità" e quindi l'amore e la bellezza non possono essere colti nella loro essenza più pura se non dopo aver fatto esperienza e riconosciuto la parte inferiore ed ambivalente dell'animo umano.

E' per questo che i sentimenti inferiori stratificati nel fondo dell'inconscio diventano il prerequisito stesso della trasformazione, il substrato da cui si deve partire nel percorso d'individuazione, che non potrebbe mai compiersi se non dopo quest'atto di illuminazione, di coraggio e di accettazione della condizione umana.

Solo così la bellezza diventa anche un principio di realtà, razionale e lineare così come l'Astrologia vuole sia l'energia di Terra della prima sede di Venere, Toro, e successivamente quella d'Aria della sede Bilancia, che diventano uno strumento di conoscenza interiore e contemporaneamente di ascesi verso il cielo, così come nel dipinto ci illustra Venere, che rivolge lo sguardo e la sua mano destra verso l'alto indicando, come sintesi e ritorno ai luoghi cari allo Spirito, la via del divino.

Seguendo Venere, si ritrova "la strada di casa", una dimensione psichica specifica e personale in cui ci si può riconoscere, accogliere e rispettare perché si sente che quella è "la propria strada", non imposta da nessuno all'esterno, né da chi ha influenza su di noi, nè dall'orientamento e dal sentire collettivo.

E Venere, desiderio e stupore, ci stupisce già nel mondo fisico per il semplice fatto che, a differenza di tutti gli altri pianeti, ci appare come stella del mattino e della sera e ci accompagna in questo percorso terreno.

Come se lei, figlia della Luna e sorella del Sole nelle leggende e miti dei popoli più antichi, primo pianeta per la civiltà Maya che interpretava in maniera evolutiva il passo dei suoi cicli, fornisse l'anello di congiunzione per riunire la terra con il cielo, la parte femminile con quella maschile dell'umana natura.

Spingendo l'Io a confrontarsi con *l'altro da sé* per trovare la giusta alchimia, Venere come pianeta d'Aria, c'insegna l'alchimia dell'equilibrio e come Signora della Bilancia ci fa riscoprire la dea alchemica che è in ognuno di noi.

---

[51] A. Carotenuto: Integrazione della Personalità, Bompiani Milano 2007, pagg. 166-167

E ritorniamo quindi alla definizione di "dea alchemica" che usa la Bolen, perché - se pur fortemente autonoma ed indipendente nell'esprimere sé stessa, come una "dea Vergine" - Afrodite sceglieva di farlo immergendosi totalmente nell'esperienza del "qui ed ora" che stava vivendo come le "dee Vulnerate", senza però lasciarsi imbrigliare in alcun modo dall'esperienza che stava vivendo.

Questa potenzialità di Afrodite è ben espressa in Astrologia dove il pianeta simboleggia non solo la tendenza verso l'armonia e l'equilibrio, la capacità di amare e scambiare amore, ma anche il valore personale, la capacità razionale di scelta e soprattutto il principio d'autostima.

Il glifo di Venere, che ricorda lo specchio, rimanda ad un simbolo di verità, contro cui nulla può fare la mente conscia con i suoi inganni ed idealizzazioni; è un simbolo che punta soprattutto a far riflettere su quanto sia importante il rispetto e la conoscenza di sé stessi, così che l'esperienza attirata dall'esterno possa illuminare la visione dei propri potenziali, del proprio valore personale, ma anche dei limiti e delle fragilità su cui lavorare. Per questo motivo, in Astrologia, Venere è anche l'archetipo della relazione, un simbolo che rimanda alla prima relazione che abbiamo vista riflessa negli occhi di nostra madre e che ci aiuterà, sia nel caso si sia espressa in maniera positiva che deludente, a conoscerci meglio nella nostra interezza, ad accoglierci ed accettarci per esprimere o migliorare ciò che è stato ceduto, nel bene e nel male, alle origini della nostra storia. Accanto alla Luna, il primo pianeta femminile di relazione, Venere ci indica il modo in cui poterci sentire in relazione con l'altro, accogliendolo nella sua interezza perchè è stato fatto il giusto lavoro, non facile né indolore, d'interiorizzare la propria.

E' per questo motivo che Jung vedeva in Afrodite il riassunto dell'archetipo "Anima", che definiva "l'archetipo della vita stessa" ed è per questo che, in Astrologia, il pianeta presiede anche alla capacità di scelta e quindi precede Marte, principio di volontà e di azione, nel direzionare l'energia libidica proprio lì dove il Sole vuole andare per realizzare sé stesso, per dare senso alle proprie scelte e compiere l'individuazione. Scrive Jung in "Pratica della Psicoterapia": "L'uomo senza relazioni non possiede totalità, perchè la totalità è raggiungibile solo attraverso l'anima, la quale dal canto suo non può esistere senza la sua controparte, che si trova sempre nel Tu".[52]

---

[52] C.G.Jung, Pratica della Psicoterapia in Opere, vol. XVI, Bollati Boringhieri, Torino 1981, pag. 250

Nel dipinto "Salone dei Mesi" del Palazzo di Schifanoia a Ferrara (1468-1470), si può notare come l'artista celebri il trionfo di Venere su Marte, proprio così come vuole l'Astrologia; Marte, (volontà), si mette al servizio di Venere, (valori), significando che l'azione potrà essere ben direzionata e fonte di soddisfazione soltanto se l'intenzione che sta alla base della scelta sia in linea con i propri valori personali e non con quelli imposti dalla psiche collettiva.

Di fondamentale importanza sarà quindi conoscere "cosa" ricerca Venere, ciò che le piace e che desidera nella totalità dell'archetipo che rappresenta, per non esporsi alla delusione di un risultato che, fortemente voluto a livello cosciente dall'Io, diventerebbe una vera e propria non-scelta, perchè apparirebbe ingannevole e deludente nel momento della conquista, vuoto e privo di significato, in quanto contrario o non in linea coi disegni del Sè.

Leggiamo ancora Aldo Carotenuto: "Senza una conoscenza di ciò che è sotteso ai nostri presunti desideri, non possiamo comprendere la ragione della direzione che decidiamo di assumere nella nostra vita, l'orientamento reale che diamo alle nostre azioni. Senza un tale tipo di conoscenza, la nostra esistenza trascorrerebbe nel tentativo vano di riempire il vuoto che ci abita: distoglieremmo lo sguardo dalla nostra realtà interiore, prefiggendoci delle mete, delle prospettive future non scelte". [53]

Conoscere, ri-conoscere ed attivare la propria Venere, assegnandole un ruolo fondamentale nel cammino che ogni donna ed ogni uomo dovrebbero intraprendere per arrivare alla conoscenza di sè ed in ogni stagione della vita, dall'adolescenza alla maturità fino al declino della vecchiaia, permette all'individuo di percorrere le tre tappe alchemiche fondamentali per trasformare quanto di sé è rimasto ancora oscuro perchè vincolato da attaccamenti e bisogni solo personali (la Nigredo), quanto può permettergli uno stadio non più solo materiale, ma spirituale di apertura alla Verità (l'Albedo) e quanto può trasformare l'energia che si è resa disponibile dopo questo processo di elevazione, in fuoco creativo (la Rubedo).

E Venere, la "soror mystica" in alchimia, e quindi la sorella divina che permette all'alchimista di passare dal contatto con la materia alla rigenerazione mistica, alla rinascita iniziatica, nell' Albedo è associata al rame, l'*aes cuprum*, di cui era ricca l'isola di Cipro, che aveva dato i natali alla dea, simbolo lui stesso di unione e forza creativa.

Infatti, nell'antica Cina, dove il termine "rame" ha il significato di "unione", si utilizzava il metallo per coniare monete con un foro al centro, che poi venivano poste l'una sull'altra sotto il letto degli sposi, come augurio di durata e forza creativa.

Venere, "soror mystica" è in ognuno di noi, ma dobbiamo avere il coraggio di attraversare la prima fase. E' la fase che Jung definiva "della chiamata", una fase tanto oscura quanto segnata dalla violenza, così come violento era stato l'atto che aveva permesso la nascita della dea.

Infatti, come ho già riportato, delle due versioni che ci vengono riportate, di Omero e di Esiodo, questi ci narra di come Afrodite fu generata in seguito ad un atto di violenza: l'evirazione da parte di Cronos del padre Urano, i cui genitali cadendo in mare, formarono una spuma bianca (Αφρός) (Afròs), da cui nacque Αφροδίτη (Afrodite).

---

[53] A. Carotenuto, Integrazione della personalità, Bompiani, Torino 2007, pag. 185

E ad atti di "violenza" veniva sottoposto anche il metallo vile durante il primo stadio del processo alchemico. Addirittura gli alchimisti parlavano di "martirio del metallo", come a dire che si trattava di un processo non breve, ma lento e doloroso di purificazione, scandito da tre fasi ben distinte. La prima, quella di macerazione del metallo, veniva collegata alla frustrazione dell'attesa, la seconda, associata alla putrefazione, veniva collegata alla rinuncia del delirio di potenza e la terza, quella di distillazione, decantazione ed essiccazione, veniva collegate alla capacità spirituale di bruciare tutto ciò che non si rivelava indispensabile e vitale per il raggiungimento della meta finale.

Alla fine della Nigredo si arrivava alla "spuma di Venere", l'Albedo, fase che Jung definiva "del ritrovamento del tesoro", che permetteva all'alchimista di raggiungere nella fase finale della Rubedo, la capacità di trasformare i metalli vili in oro, da sempre simbolo di perfezione ed immortalità.

E' solo grazie a Venere che è unione, sentimento cognitivo ed immaginazione creativa, che si può nobilitare e trasformare l'energia dirompente di Marte in coscienza consapevole e responsabile nell'azione.

Ed anche in Astrologia, Venere in Bilancia si pone in un punto intermedio in cui si incontrano le energie opposte delle case sotto e sopra l'orizzonte; con la sua esaltazione in Cancro e trasparenza in Pesci, attraverso un moto d'amore ed accettazione nei confronti di sé stessi e della propria interezza, apre all'amore e all'accettazione dell'altro, al rispetto della sua diversità.

E' Venere che spinge verso l'*Agape*, che promuove l'Amore Universale. E' lei che fornisce gli ideali da perseguire e le priorità da individuare, secondo quelli che sono i reali valori, perchè si è fatta chiara la scelta; è Venere che ci fa incontrare con le nostre manchevolezze che dobbiamo perdonare; ci fa capire l'importanza del reale contatto con l'altro e non solo con l'immagine illusoria ed idealizzata che dell'altro ha creato la mente; è Venere che opera la "coniunctio oppositorum" alchemica, riconciliando l'Animus con l'Anima, il Logos con l'Eros, lo Yang con lo Yin, il Sole con la Luna, in modo che possano finalmente collaborare tra loro alla creazione della coscienza alchemica, né maschile, né femminile, ma androgina e riassuntiva della Verità Assoluta.

L'ARCHETIPO SOPHIA

*"La sola conoscenza senza trasformazione
non è sapienza e la sola trasformazione
senza conoscenza non è realizzazione".*
H. Huarache Mamani

Abbiamo visto come l'archetipo della Grande Madre porti in sé una duplice potenzialità per la donna, quella creativa di dare la vita oppure quella di distruggere e far morire le creature che ha generato.

Una volta che l'archetipo sia stato illuminato nelle sue parti ombra, che si sia stato trasformato e "reso sacro", la Grande Madre si trasforma in Sophia, l'archetipo della Saggezza e dello Spirito femminile, uno dei simboli più potenti che incontriamo in diverse filosofie, dottrine e religioni di tutti i tempi. Nello gnosticismo, è la *Pistis Sophia*, la forma femminile dello Spirito Santo, sorella e sposa di Cristo; è la "scintilla divina" presente nell'uomo che aspetta soltanto di essere accesa, un concetto molto simile a quello espresso dall'Opera alchemica, che vedeva l'uomo come strumento della Creazione divina, che non avrebbe potuto compiersi senza la sua partecipazione.

Sophia compare anche nella Bibbia, sia nel Vecchio che nel Nuovo Testamento e nell'ebraismo ha un ruolo chiave come espressione dell'aspetto femminile di Dio.

L'archetipo Sophia mette quindi in luce l'aspetto più evoluto del femminile, quello della Madre dispensatrice di vita che, dopo aver generato a livello fisico, garantisce una nascita anche a livello spirituale e psicologico, permettendo allo Spirito che è racchiuso in ogni donna di potersi manifestare, perché è lei stessa Spirito che fa elevare da una condizione solo materiale ad uno stadio mistico e trascendentale, è lei che può fornire all'individuo la risposta intuitiva e contemporaneamente saggia per scoprire la sua spiritualità.

Nel percorso d'individuazione della donna, Sophia si rivela quando si sono riuscite a ricomporre le tensioni e le contraddizioni proprie del principio femminile. Grazie alla tensione autentica e spontanea della psiche di andare verso l'unità, di ricomporre il maschile ed il femminile interni, si giunge ad uno stadio di completezza che genera la trasformazione.

Ne "L'uomo e i suoi simboli", Jung precisa che le figure femminili (che chiama figure-anima) in grado di promuovere questa graduale ascesa verso l'individuazione e quindi il compiersi del principio di Eros, sono quattro, strettamente legate ai "quattro gradi dell'evoluzione dell'eros". [54]

Il primo grado è collegato ad *Eva*, simboleggiante un Eros primitivo, istintivo ed ancorato al lato biologico e riproduttivo; il secondo grado è

---

[54] C. G. Jung, L'uomo e i suoi simboli, Edizioni TEA, Milano 2004, pag. 169

quello di *Elena*, un'immagine che conserva al suo interno sia qualità inferiori dell'Eros, legate al puro desiderio sessuale e al possesso, sia quelle superiori del Logos, in grado di spingere la donna verso mete più evolute nello scambio d'amore; il terzo grado è quello di *Maria*, la Madre Mistica della religione cristiana; qui l'Eros si fa sacro, essenzialmente materno e dispensatore di protezione; l'ultimo livello, quello più evoluto in assoluto, è collegato alla Sophia gnostica nonché a quella alchemica, dove la materia trasformata ha generato e liberato la "scintilla divina" che vi era trattenuta all'interno. E' la Grande Dea, un aspetto del femminile che proprio perché ingloba dentro di sé il materno, è fonte di vera vita, è colei che conduce verso la liberazione e la piena espressione del Sé.

Lo psichiatra Ciro Ferraro nel suo sito Web "Psicologia Alchemica", nell'Articolo "L'Alchimista, l'amore, la conoscenza e la verità", ci riporta l' "Orazione a Sophia" di Giordano Bruno ai dottori dell'Università di Wittemberg:

"Essa ho amato e ricercato fin dalla prima giovinezza,
ho desiderato farla mia e sono diventato amante della sua bellezza
e ho pregato che venisse a vivere con me, perché potessi sapere quel che mi mancava
e che cosa fosse ben accetto a Dio: perché essa aveva conoscenza e comprensione
e mi avrebbe guidato assennatamente nel mio lavoro
e mi avrebbe tenuto sotto la sua tutela". [55]

In Astrologia, potremmo mettere in analogia l'archetipo Sophia con il nono settore dell'oroscopo, messo in relazione alla sete di conoscenza che c'è in ogni creatura, perché insita nella natura umana. Questo desiderio di crescita e di evoluzione scaturisce come un fiume generoso dal pianeta Giove, Signore del Sagittario e dei Pesci, che infonde, proprio attraverso l'apertura mentale, il desiderio di aprire a ciò che è sconosciuto, il Segno dei Gemelli attraverso il conosciuto, il Segno della Vergine, il primo che si oppone al Sagittario, il secondo che lo quadra. Non a caso, in Sagittario c'è la "trasparenza" della Luna, come a dire che in Sophia non c'è solo lo Spirito, ma anche il materno, il sentire ciò che accade dentro per abbracciare il fuori, la conoscenza unita alla comprensione di cui parla Giordano Bruno.

La Sophia diventa, quindi, un archetipo specifico dell'Anima cognitiva

---

[55] https://psicologiaalchemica.wordpress.com//?s=Sophia&search=Vai

dell'uomo e della donna; una custode delle verità nascoste e dei principi universali, collegati ai valori etici e alla ricerca spirituale, che possono emergere ed essere affinati soltanto intraprendendo il viaggio di ricerca verso il proprio Sé, senza lasciarsi deviare da alcun tipo di seduzione.

Questo era anche il pensiero di Jacob Bohme, mistico del XVI secolo che, se pur non dedito all'alchimia, utilizzò la terminologia ed i simboli alchemici per chiarire meglio il suo pensiero.

L'*Immaginazione Divina*, così come lui definiva la Sophia, aveva un ruolo fondamentale nel suo pensiero, come simbolo guida per condurre alla redenzione e alla partecipazione col Divino, come si può ricavare dall'emblema alchemico 42 "Atalanta Fugiens" di Michael Maier (1618): la Saggezza guida l'alchimista attraverso le orme sulla sabbia che lascia al suo passare.

Sorretto dal bastone dell'autorità interiore e illuminato dalla lampada della coscienza, l'alchimista/Io s'incontra col femminile sacro, ricco d'abbondanza e creatività, s'incontra con la sua saggezza interiore che ha trasceso l'Ego illuminando la sua vita, così come la lanterna che l'alchimista sorregge davanti a sé illumina la via:

IPAZIA D'ALESSANDRIA

L'archetipo Sophia, come tensione primaria della psiche verso la completezza, può trovare un fulgido esempio nella figura della filosofa alessandrina Ipazia, vissuta nella seconda metà del IV sec. a.C. e seguace della filosofia neo-platonica. Figlia di Teone che insegnava matematica ed astronomia ad Alessandria e che le cedette l'amore per l'arte di cui era sapiente, Ipazia collaborò a lungo con il padre per dare impulso e continuità ai suoi studi matematici, aprendosi gradualmente al mondo della metafisica e della filosofia.

Di lei, che la storia ricorda come l'inventrice del primo astrolabio, ci sono pervenuti scritti, distrutti nell'incendio dei templi di Alessandria, ma possiamo comunque delineare la sua figura e il pensiero illuminato grazie agli scritti di Sinesio, suo allievo e futuro Vescovo di Cirene, che ci documentano la sapienza dei suoi insegnamenti e la capacità di trasmetterli con semplice linearità a quanti accorrevano per ascoltarla.

Il pensiero di Ipazia potrebbe essere ben espresso da queste parole di Sinesio nel suo "De dono": "L'astronomia è di per sé stessa una scienza di alta dignità, ma può forse servire da ascesa a qualcosa di più alto, da tramite opportuno, a mio avviso, verso l'ineffabile teologia, giacché il beato corpo del cielo ha sotto di sé la materia e il suo moto sembra essere ai sommi filosofi un'imitazione dell'intelletto". [56]

Si può pensare a quello che è lo scambio naturale tra l'astronomia e la sapienza astrologica, quando sia considerata uno strumento di lettura interiore, di approfondimento ed indagine dei potenziali già latenti alla nascita e spinta successiva ed evolutiva al proprio progetto esistenziale, al proprio divenire. L'uomo forma un tutt'uno con la Natura che lo circonda ed in cui è calata la sua incarnazione.

Proprio in virtù di questo scambio, i fattori del microcosmo non solo partecipano a quelli del macrocosmo, ma dispongono della sua forza e della sua energia. "Tutto è Uno" è l'assunto cardine del Taoismo e di molte religioni orientali. E il simbolo della Totalità trova un esatto riscontro nel Mandala, così come intuito da Jung che lo collegava al Sé, un'immagine che racchiude nei suoi elementi geometrici l'immagine stessa dell'Universo, il suo essere e il suo inarrestabile divenire: microcosmo e macrocosmo in tal modo coincidono.

Seguace di Plotino, Ipazia era profondamente convinta di quest'unione indissolubile tra Cielo e Terra; grazie alle sue intuizioni, Fisica e Metafisica si ricomposero in un sapere che non fu mai pura astrazione, né si perse dentro un Logos sterile e lontano, ma riuscì con la linearità di pensiero e i suggerimenti del cuore ad infondere il coraggio verso nuove intuizioni, nuove conclusioni, vere anticipazioni per i tempi in cui le esprimeva; uno scambio ottimale che in Astrologia potrebbe essere espresso dalla dialettica tra Saturno, Urano e Nettuno.

---

[56] Sinesio di Cirene, Opere, UTET, Torino 1989

La sua morte fu terribile, simile a quella che ebbero nel mito Orfeo o la ninfa Eco; una morte annunciata e che lei non ebbe timore di affrontare: fino all'ultimo, e come una "dea Vergine", Ipazia non retrocesse di fronte a chi le imponeva il silenzio e continuò a distinguersi per il suo coraggio, lo spirito libero, l'impegno che mise non solo nell' insegnare le arti matematiche e filosofiche, ma anche per sconfiggere una tradizione millenaria che voleva la donna inferiore all'uomo e non adatta ad occuparsi di scienza e filosofia.

Fu quindi sicuramente un esempio di Animus che si incontrava con l'Anima, di un Logos che non disdegnava l'Eros, di un femminile tollerante e comprensivo, che si era arricchito alla luce dello Spirito interiore: una Sophia incarnata.

C'è infatti nella sapienza dell'archetipo Sophia la possibilità di accettare "l'altro da sé", l'accoglienza anche di ciò che è lontanissimo da ciò che la mente ritiene giusto o inattaccabile, l'apertura verso lo straniero, la predisposizione a mettere in discussione tutto ciò su cui ha poggiato un'esistenza intera, un'intera identità, anche se è possibile che in Ipazia ci fossero zone sconosciute ancora da esplorare.

Mario Luzi nel suo "Il libro di Ipazia", dove si svolge un dialogo immaginario tra la filosofa ed una voce interiore, esprime questo bisogno di andare oltre e scoprire sempre nuove parti di sé, con queste parole [57]:

- Ipazia: Perché ti manifesti ora? Sono stanca e mi credevo compiuta.
- Voce: Non lo sei ancora. C'è tutta l'enorme distesa del diverso, del brutale, del violento contrario alla geometria del tuo pensiero che devi veramente intendere. Tutto ciò che devi combattere, devi portarlo su di te, accoglierlo e lì vincerlo".

In Astrologia, l'archetipo Sophia è espresso dalla Luna in Sagittario, la Luna del lontano e degli stranieri e per estensione dell' "altro da sé". E' il simbolo di un materno che si fa nutrimento non solo del corpo, ma soprattutto dell'anima, una forza transpersonale che non è più solo fonte di vita, come vuole la sede astrologica nel Segno del Cancro, ma simbolo del

---

[57] M. Luzi, Il libro di Ipazia, BUR, Milano 1980, pag. 69

femminile che "sa" della vita, ne conosce i cicli, ne accetta i misteri. E' per questo che Sophia è anche "principio ordinatore", in Astrologia si direbbe "di Terra", perché tanto rigoroso nella cura dell'intelletto, quanto sensibile alle regole della Natura, un timor sacro nei confronti di un bene che l'uomo deve riconoscere, conservare e rispettare, se tiene alla sua salvezza.

Erich Neumann nella sua opera "La psicologia del femminile" parla così di Sophia: "Il vaso femminile, in quanto rigenerante della trasformazione superiore, è il vaso di Sophia che accoglie dentro sé ciò che va trasformato, allo scopo di spiritualizzarlo e divinizzarlo, ma è anche la forza che nutre, da cui trae linfa vitale ciò che si trasforma e rinasce. Così come l'inconscio reagisce e risponde, altrettanto Sophia è viva, presente e vicina, una dea che ama ed è sempre accanto a noi, cui ci si può sempre rivolgere e che è pronta ad intervenire, non una dea che si mostra irraggiungibile, nella sua lontananza luminosa e solitaria. Perciò Sophia, come forza spirituale, è piena d'amore e salvifica, il suo cuore generoso porta contemporaneamente sapienza e nutrimento." [58]

E se nel mondo occidentale e nel mito cristiano il valore archetipico di un femminile-Spirito si è perso perché si è voluto riconoscere nella figura femminile per eccellenza, Maria Vergine, un potenziale essenzialmente materno, di soccorso e rifugio nelle prove, nel mondo orientale la Sophia è viva e ben rappresentata dalla Tara Verde del buddismo tibetano, il cui nome proviene dal sanscrito e significa "colei che conduce sull'altra sponda".

La dea, che si impone come forze energetica primordiale della totalità del femminile, simboleggia la forma più evoluta della tensione della trasformazione energetica verso l'unità, risolvendo il dualismo degli opposti, a tal punto che Tara si identifica col Nirvana stesso e la possibilità di estinguere la Samsara, il ciclo di nascite e rinascite cui, secondo gli orientali, è legato il destino terreno.

Scrive ancora E. Neumann ne "La Grande Madre – Fenomenologia delle configurazioni del femminile nell'inconscio": "Come l'umanità stessa, anche l'archetipo del femminile si sviluppa in essa: all'inizio è la dea primordiale, che riposa in sé stessa, nella materialità del suo carattere elementare, (…) alla fine è Tara, nella mano sinistra il loto sbocciante dello

---

[58] E. Neumann, La psicologia del femminile, Astrolabio Ubaldini, 1975, pag. 21

sviluppo psichico, la mano destra rivolta al mondo nel gesto del donare. Con gli occhi socchiusi, ella è intenta sia al mondo esterno che al mondo interiore: è l'immagine eterna femminile dello Spirito redentore".[59]

Una summa di qualità che si possono ritrovare nelle Grandi Dee del passato, da Iside ad Atargatis, da Shakti alla Pachamama degli Indios, fino alla dea Kuan Yin, la "Bodhisattva della pietà" per la religione buddista e della "consolazione e misericordia" per quella taoista.

Shakti

---

[59] E. Neumann, La Grande Madre, Fenomenologia delle configurazioni femminili dell'inconscio, Astrolabio Ubaldini, Roma 1981

MNEMOSINE, LA DEA DEL RICORDO

"Invoco Memoria, sposa di Zeus, sovrana,
che ha generato le sacre Muse dalla voce sonora,
esente dal cattivo oblio che sempre turba la ragione,
sostiene ogni intelligenza che vive con le anime degli uomini,
accresce la potente forte ragione dei mortali,
dolcissima, ama la veglia e tutto fa ricordare,
ciò di cui ciascuno sempre depone il pensiero nel petto,
per nulla devia, risvegliando la mente a tutti.
Dea beata, risveglia agli iniziati il ricordo della celebrazione sacra
e allontana da essi l'oblio".

(Esiodo, Inno orfico n° 77)

Mnemosyne, Dante G. Rossetti, 1868

Esiodo nella Teogonia ci parla di come Gea, la Madre Terra ed Urano, il Cielo Stellato, avessero dato vita ai Titani Cronos, Oceano, Ceo, Iperone, Crio e Giapeto e alle Titanidi Rea, Temi, Febe, Teia, Tetis e Mnemosine.

Le sei figlie presiedevano chi alla mente intellettiva, chi all'ordine naturale, chi alla fertilità, in particolare Mnemosine era collegata alla capacità di apprendere, funzione fondamentale per gli antichi Greci che sapevano come nulla si può apprendere se non si ricorda ciò di cui si è fatto tesoro, nel bene e nel male, dell'esperienza personale.

Nell'Inno Orfico 77 che Esiodo ha dedicato a Mnemosine, sappiamo di come Zeus, colpito dalla sua bellezza, assunse le sembianze di un pastore e la fece innamorare di sé. Dalla loro unione d'amore durata nove notti nacquero nove figlie, le Muse: Euterpe (colei che rallegra, la Poesia lirica), Talia (colei che è festiva, la Commedia), Melpomene (colei che canta, la Tragedia), Tersicore (colei che gioisce nella danza, la Danza), Polimnia (dai molti inni, la Poesia sacra), Calliope (dalla bella voce, la Poesia epica), Clio (colei che fa proclami, la Storia), Erato (colei che suscita desiderio, la Poesia amorosa) e Urania (la Celeste, l'Astronomia e l'Astrologia).

L'*incipit* della Teogonia è dedicato alle Muse, come a significare che è proprio dalla capacità di apprendere, di ricercare la conoscenza che si può arrivare anche alla conoscenza di sé stessi, attraverso la volontà di non smettere mai di cercare, discriminare, riflettere e valutare, perché ciò permette anche di non dimenticare.

In fondo, la massima che si leggeva sul frontone del tempio di Apollo a Delfi (*gnosi se autòn*, conosci te stesso) potrebbe acquistare una valenza particolare: non ci si può conoscere se non ci si ri-conosce e l'incontro con sé stessi e la scoperta della propria interezza presuppone un cammino a ritroso, un "tornare indietro", un *rimembrare*, che l'individuo deve fare fino alle origini della propria storia, "sbucciando la sua vita" come sbuccerebbe una cipolla, strato dopo strato, fino al cuore del problema; solo questo gli permetterà di entrare in contatto con l'interezza di quello che è e non solo di quello che pensa d'essere, nonché con lo scopo spirituale della sua esistenza.

Solo a quel punto potrà partecipare della totalità dell'Universo e dei suoi fini superiori, senza giudicarli ma semplicemente accettandoli così come ha accettato e non giudicato l'interezza di sé stesso.

La dea Mnemosine era preposta a nominare le cose, "a mettere i puntini sulle i", diremmo ai nostri giorni, in modo tale che dalla visione giusta ed ordinata delle cose, l'individuo può rispondere alla vita prendendosi la responsabilità, nel bene e nel male, delle proprie scelte.

Ma il non-dimenticare di Mnemosine non riguarda soltanto l'oblio consapevole e cioè "la capacità di lasciar andare ciò che deve essere lasciato andare", così come la capacità di distaccarsi da ciò che rimasto solo un ricordo ostinato di eventi dolorosi che imprigiona la mente sullo stesso punto, offese e ferite antiche che non sanno guarire, la dea Mnemosine è anche il simbolo del "ricordo di ciò che è stato e delle modalità in cui è stato", così da non esporsi al rimettersi in moto di esperienze l'una uguale all'altra, risolvendo le situazioni secondo uno schema automatico e fisso, dove non c'è scelta, ma semplicemente "coazione a ripetere".

E' grazie a questo archetipo che si può ritornare a quello che è stato il passato e vedere quanto l'educazione e l'inserimento in un determinato ambiente abbiano inciso sullo sviluppo individuale e quanto le percezioni ed interpretazioni antiche siano diventate costruzioni mentali nell'età adulta.

Ricordando quanto appoggio ed amore ci sia stato da parte delle figure di sostegno, sulle quali si sono strutturate le personali interpretazioni sulla capacità d'autostima, sull'accettazione ed apprezzamento, oppure sul senso di rifiuto, giudizio e svalutazione, si può fare un'analisi obiettiva di ciò che è stato passato e cambiare ciò che non più in linea con la vita presente e, per estensione, con ciò che si spera e si ha il diritto di augurarsi per il proprio futuro.

Scrive Giampiero Ciappina nel suo "Manuale di Cinematerapia": "I segnali del Sé vanno ascoltati e pazientemente decodificati. Come in un tessuto multidimensionale, essi comporranno la storia del nostro Passato, Presente e Futuro. La conoscenza implica anche la decisione di mettere gradualmente da parte la Rimozione, quel meccanismo che protegge il nostro Io dalla sofferenza contenuta nei ricordi. Sono molti quelli che – ritenendo insopportabile questa sofferenza – mantengono serrate le porte del passato, illudendosi così che esso non possa accadere al presente. Esso però irrompe continuamente tra le barricate e cerca di attrarre l'attenzione, di essere visto, elaborato, compreso". [60]

Mnemosine ci ammonisce a non dimenticare, a non chiudere gli occhi di fronte a questi ricordi; il suo è un "occhio mentale" che può essere

---

[60] G. Ciappina - P. Caprini, Manuale di Cinematerapia, Edizioni Istituto Solaris, Roma 2007, pag. 149

assimilato al "terzo occhio" delle filosofie orientali, ma anche al pianeta Giove, "la vista" in Astrologia, che spinge a guardare lontano, a credere, ad avere fede, senza mai distaccarsi dal proprio "vicino", soltanto in questo modo, le ferite infantili, ripescate dall'inconscio, possono finalmente essere curate, cicatrizzate e trascese.

La fiaba "La Regina delle nevi".

Sull'importanza che assume il ricordo nel percorso d'individuazione junghiano, per poter elaborare dinamiche che si ripetono automaticamente perché fortemente inconsce, riporto l'ultima fiaba che ho trattato in questo studio, "La Regina delle Nevi", di Hans Christian Andersen.

Per narrarla, ho unito alcune parti della fiaba originale con quelle presentate dal film russo d'animazione del 1957, "La Regina delle Nevi", diretto da Lev Atamanov.

"C'erano una volta due bambini molto poveri, Kai e Gerda. Vivevano in due case vicine e per giocare, avevano unito le loro finestre attraverso un piccolo giardino pensile dove coltivavano fiori.

In particolare avevano unito in un piccolo vaso due rose, simbolo della loro amicizia, che nessuno avrebbe potuto scalfire. Nelle serate d'inverno, fredde e rigide, i due bambini si riunivano a casa di Gerda, accanto al fuoco e la nonna raccontava loro storie e leggende fantastiche, di cui la più bella era quella della Regina delle Nevi: "Vola nella grandine", diceva la nonna, "e ricopre i campi di neve, paralizza i fiori con la brina e ghiaccia i fiumi. Anche il suo cuore è di ghiaccio e vorrebbe trasformare in ghiaccio il cuore di tutti". Fu così che una sera, mentre la nonna raccontava, per il gran vento una finestra si spalancò ed una scheggia di ghiaccio colpì Kai, gli entrò in un occhio e gli arrivò fino al cuore".

La fiaba ci introduce immediatamente in un'atmosfera felice e serena che improvvisamente si fa oscura e spaventosa: Kai viene colpito al cuore da una scheggia di ghiaccio, simbolo di un evento esterno traumatico che porta l'attenzione del lettore su una ferita. La tematica affrontata da Andersen rimanda sicuramente al simbolismo delle ferite emotive che vengono inferte nell'infanzia e che producono repentinamente - proprio per il loro manifestarsi improvviso e inaspettato come una folata di vento - un ribaltamento dallo stato innocente e spensierato in cui si trova il bambino a quell'età, in una condizione di sofferenza e di estrema vulnerabilità.

Sono le ferite più profonde, quelle più dolorose e lente a guarire, perché spesso inflitte da chi doveva essere preposto a proteggere, a consolare, a perdonare. L'evento può essere stato tanto drammatico e sconvolgente da indurre l'individuo a dimenticare, a rimuovere i ricordi dolorosi dalla memoria, fin quando nell'adolescenza e poi nell'età adulta, non si ripresenterà l'occasione di una nuova ferita emotiva, che andrà a smuovere emozioni sepolte già sperimentate, ma negate e rimosse; si avvertirà anche un forte senso d'ingiustizia e di sopraffazione, un'incapacità di comprendere il motivo di tale ingiustizia, ma grazie alla capacità razionale della mente che è più forte e strutturata grazie all'età, sarà possibile tentare di trascendere più che sanare ciò che non poteva essere affrontato e risolto, attraverso la ragione, in quell'età così precoce.

"Kai lanciò un grido di dolore, ma pochi momenti dopo era tornato come prima, rideva e scherzava tanto che nessuno, nemmeno la sua amica Gerda, ci fece più caso, ma la scheggia di vetro non se n'era andata, era sempre lì, ferma nel suo cuore".

Secondo la psicologia dell'età evolutiva, attorno ai tre anni di vita si comincia a strutturare il super-Io, un sistema di difesa della mente preposto a proteggere l'Io che si sta strutturando dagli attacchi esterni che inducono sofferenza, perché collegati a tematiche di inadeguatezza e senso di svalutazione personale. E' quello il momento in cui le ferite emotive cominciano a farsi sentire e chiedono attenzione ed è anche quello il momento in cui i due maggiori meccanismi di difesa dell'Io, la Negazione e la Rimozione, entrano in azione, per far sì che il dolore insopportabile di quanto si sta sperimentando venga isolato nell'inconscio e cada nell'oblio.

"Il giorno dopo, Gerda si accorse che Kai stava giocando con la sua slitta nella neve e gareggiava con gli altri bambini per vedere chi fosse il più veloce. I bambini lo sfidavano e negavano le sue capacità. Anche Gerda avrebbe voluto partecipare a quella sfida, ma Kai le si rivoltò con durezza: "No di certo, questo non è un gioco per bambine". Gerda rimase molto addolorata di questa trasformazione, ma non fece a tempo a replicare che Kai si avvicinò ad una slitta che nessuno aveva mai visto in paese, guidata da una signora, bellissima e maestosa nel suo vestito bianco: era la Regina delle Nevi, che lo invitava a seguirla. Kai che voleva superare tutti in velocità, acconsentì, ma ecco che la slitta prese subito a correre ad alta velocità, trascinando quella di Kay dietro sé. Pur tentando di slegare la sua slitta e spaventandosi molto per ciò che stava accadendo, Kai non fu in grado di fermarne la corsa e fu trascinato ai confini del paese, volando nel vento che gli turbinava intorno e lo spingeva verso una destinazione ignota. Quando la slitta si fermò, la Regina delle Nevi gli si avvicinò e lo baciò, ma il suo bacio era gelato come il ghiaccio; nonostante questo, Kai rimase affascinato dalla sua bellezza, nessuna al mondo era più bella della Regina delle Nevi. Gradualmente la signora lo tranquillizzò e cominciò a parlargli così: "Presto ti porterò nel mio palazzo e farò di te un grande principe, piano piano dimenticherai tutto e non sentirai più nulla, non sentirai gioia e non sentirai dolore, i sentimenti sono il punto debole degli uomini e tu non avrai più sentimenti, sarai come me, né felice, né infelice, solo così potrai sentirti sicuro". E mentre gli parlava, lo baciava e Kai sentiva il ghiaccio entrargli nel cuore e dimenticò tutto, dimenticò la nonna e la sicurezza della sua casa, dimenticò il suo mondo ed i giochi dei bambini, dimenticò perfino Gerda e si affidò totalmente alla bella signora. Intanto, rimasta sola e preoccupata, Gerda lo cercava, lo aspettò per tutto l'inverno, così come tutti coloro che gli volevano bene, ma Kai non tornò e presto tutti cominciarono a dire che non sarebbe più tornato, che era morto, che il fiume se l'era preso. Gerda pianse molto e si disperò, ma quando arrivò la primavera, indossò le sue nuove scarpette rosse e non esitò un attimo ad andare verso Nord. Avrebbe cercato Kai, l'avrebbe cercato fino in capo al mondo, nessuno l'avrebbe fermata e l'avrebbe trovato".

Le ferite emotive si dimenticano. Non c'è altro modo per poter tollerare il dolore che causano se non l'oblio. Non a caso, a Mnemosine era contrapposta Lete, la dea della dimenticanza, la dea che stemperava le angosce e le sofferenze semplicemente con l'immersione nel fiume a lei dedicato, in cui si annacquavano e lavavano via tutti i ricordi dolorosi e ciò che era meglio dimenticare per non soffrire. Ma se la coscienza continua ad erigere barriere difensive perché non possa essere riaperta la ferita, l'inconscio non interrompe il suo richiamo e, attraverso eventi ancor più dolorosi rispetto ai precedenti, riporta il tema della ferita, perché lei possa essere curata e trascesa, attraverso una nuova maturità.

Nella fiaba, la ferita poggia su un sentimento d'inadeguatezza.

Kai si sente bisognoso di mettere alla prova le sue capacità, di dimostrare di essere il migliore, di nutrire il suo orgoglio maschile. Infatti, ogni personaggio di questa fiaba è un aspetto archetipico della psiche, nel suo lato "luce" e in quello "ombra". Kai è il simbolo della parte Animus che, indotta dal desiderio di primato, stravolge i propri valori perché la ferita ne ha impostato una nuova scala, ma sono valori non suoi, ma solo la conseguenza della necessità di rimediare al danno che si è creato. Gerda è invece il simbolo dell'Anima, la parte femminile della psiche che non si arrende a perdere sé stessa, è la spinta automatica ed imprescindibile della coscienza a riunirsi con le parti negate, per ritrovare quella completezza che altrimenti andrebbe perduta per sempre.

Ritorna anche in questa fiaba la tematica delle scarpette rosse che avevamo già incontrato nell'altra fiaba di Andersen, ma non come simbolo della conseguenza di una brama e di un'ossessione che dirigono la mente, bensì come simbolo della pazienza e tenacia della psiche di riconquistare ciò che è andato perduto, di rimettere insieme le due parti che sono state scisse e lacerate, trovando un equilibrio tra loro, ben illustrata nella fiaba di Raperonzolo.

A proposito delle ferite emotive, il lettore avrà notato che non parlo di poterle guarire, ma uso il verbo "trascendere", proprio per il fatto che si tratta di ferite inguaribili, così come illustra a perfezione il mito di Chirone, il "guaritore ferito" della Mitologia greca, che riporto di seguito.

Mitologia di Chirone.

Il centauro Chirone, nella Mitologia greca, era metà uomo e metà cavallo, perchè nato da un'unione infelice tra il dio Saturno, trasformatosi in cavallo e la ninfa Filira, che - una volta partorito questo figlio mostruoso - l'aveva rifiutato ed abbandonato. Trovato da Athena e da Apollo, Chirone crebbe saggio ed equilibrato, imparò a tirare con l'arco, a cacciare, a profetizzare e soprattutto fu avviato dal dio all'arte della medicina. A sua volta, Chirone divenne maestro di molti eroi greci tra i quali Ercole, Giasone, Achille ed Asclepio, il dio della medicina.

Il centauro, esperto soprattutto nelle arti curative, era particolarmente generoso, si occupava, infatti, di chi si rivolgeva a lui perchè in difficoltà, a differenza degli altri centauri, la cui natura era selvaggia e brutale.

Un giorno, durante una battaglia di Ercole contro gli altri centauri, venne colpito per errore da una freccia lanciata proprio da Ercole e riportò una profonda ferita che, a causa della sua immortalità, non gli permetteva nè di guarire nè di morire.

La sofferenza e il dolore provati per questa ferita inguaribile erano così forti che il centauro si rivolse a Zeus che ideò uno scambio, donando l'immortalità di Chirone a Prometeo e permettendo così al centauro di morire. Per la sua condotta esemplare e per la sua bontà, il centauro venne tramutato in una costellazione perchè potesse brillare per sempre nei cieli, e divenire lui stesso una guida ed un faro per gli altri. Nacque così la costellazione del Sagittario.

Chiron Centaurus.

A livello simbolico, Chirone, "il guaritore ferito", rappresenta "la ferita primaria", quella che - così come per lui era derivata dal rifiuto e dall'abbandono della madre - viene messa in relazione alla ferita originaria che l'individuo si porta dietro dalla nascita ed è collegata alla stessa incarnazione. Si tratta di solito di ferite emotive causate dall'ingiustizia, o dall'indifferenza, o dall'abbandono e quindi immeritate e che provengono spesso dal passato infantile individuale.

Chirone insegna che, grazie all'accettazione della propia umanità, delle proprie debolezze e della propria fragilità, l'individuo potrà diventare egli stesso in grado di aiutare gli altri a superare le proprie ferite, sia fisiche che psicologiche. L'arte sacra della medicina è magistralmente riassunta da questo mito.

"Gerda indossò le scarpette e si recò al fiume; pensando che Kai fosse affogato, donò le sue care scarpette al fiume "Caro fiume, le tue acque vanno ovunque, avrai sicuramente visto passare Kai di qui, ecco ti dono le mie scarpette rosse, se mi renderai il mio amico perduto". Lanciò le scarpette nel fiume, ma quelle tornavano indietro, sembrava che il fiume non le volesse. Fu allora che Gerda vide una barca, vi montò sopra e prese il largo gettando le scarpette ancora più lontano, ma quelle si riavvicinarono alla barca, non la lasciavano andare".

Così come nella precedente fiaba di Andersen, anche queste scarpette non vogliono lasciare la bimba, anche in questa fiaba la bambina vorrebbe liberarsene, ma è diverso l'intento. Mentre nella fiaba "Scarpette rosse" la bambina paga il prezzo di un desiderio che si è fatto malsano, in questa, sacrifica qualcosa di suo per amore di un fine o di un bene superiore; le scarpette sono quindi il simbolo della resistenza che deve sorreggere la psiche soprattutto nei momenti in cui si attraversa una prova e ci si ritrae dal seguire la propria coscienza; il colore rosso delle scarpette è il simbolo non più di una passione malsana che brucia l'anima, ma del fuoco alchemico che spinge verso un ideale superiore, un ideale spirituale: è l'*Eros* che si trasforma in *Agape*, l'amore disinteressato, l'amore universale.

"Gerda continuò il suo viaggio, navigando tra acque agitate, fin quando la barca arrivò a lambire le rive di un giardino, un bellissimo giardino di ciliegi.

Gerda scese dalla barca e vi si addentrò, fino ad una piccola casa dal tetto di paglia, all'interno della quale viveva una vecchia signora. "Povera bambina, vieni, raccontami chi sei e come sei arrivata qui". Fu così che la vecchia l'accolse nella sua casa, le diede da mangiare e l'accudì in ogni suo bisogno. Mentre Gerda le raccontava la sua storia, la vecchia l'accarezzava parlandole con tenerezza e pensando a quanto aveva desiderato una bambina così bella; mentre parlava, le pettinava i capelli e, mentre la pettinava, allontanava ad uno ad uno i ricordi della sua vita di un tempo, ad una ad una le memorie antiche. Lentamente Gerda non si ricordò più di Kai, né dei tempi passati, né del perché fosse lì, fin quando, un giorno, la vecchia signora fece scomparire tutte le rose dal suo giardino, perché Gerda gliene aveva parlato e lei non voleva le ricordassero Kai, si era dimenticata, però, di far scomparire anche la rosa che ornava il suo vecchio cappello: fu un attimo e Gerda si ricordò di Kai e dei tempi felici della loro amicizia. Interrogò ogni fiore ed ogni fiore le ricordò un pezzo di quel passato, prima che Kai fosse rapito e portato via dalla Regina delle nevi".

La parte femminile della psiche può trovare un intralcio nel ricongiungersi con quella maschile, quando intervengano seduzioni e lusinghe che possono sviare la donna dalla ricerca interiore. La strega è certamente simbolo della Grande Madre nella sua parte peggiore, quella che per troppo amore s'impone sulla creatura, interferendo sul destino e le scelte personali, così come l'archetipo tende a fare quando non sia ancora svincolato da bisogni e smanie d'affetto mai saziato; di contro, il lato positivo e costruttivo della psiche è simboleggiato dal "risveglio" di Gerda, che inizia il suo viaggio di ricongiungimento, attraversando ostacoli e prove durissime, tante quante ne attraversa Psiche in cerca di Amore nella fiaba "L'Asino d'Oro" di Apuleio. Grazie al contatto con qualcosa che le risuona dentro, che rievoca un ricordo, che risveglia un'emozione, la bambina/psiche si desta dall'intorpidimento in cui era costretta a vivere ed improvvisamente, così come aveva dimenticato, ricorda.

"La ragazzina fuggì così da quel giardino incantato e fu aiutata nel suo percorso da molte figure, un corvo che gli indicò la strada verso cui aveva visto andare Kai, un principe ed una principessa che le donarono un cocchio d'oro che gli fu però rubato dai briganti, fin quando la figlia del capo s'impietosì e diventò sua amica, le diede una renna per condurla fino in

Lapponia, nel paese freddo e gelato della Regina delle Nevi".

Tutte le figure compassionevoli che via via s'incontrano nella fiaba sono il simbolo delle parti interne "amiche" e soprattutto sane che si attivano proprio nel momento del bisogno. Gli archetipi hanno tutti una doppia valenza, sia positiva che negativa, ma nel momento in cui la coscienza riesce a farsi un varco nell'inconscio attraverso un'intuizione, attraverso un evento sincronico, un sogno o altre visioni, si può mettere un argine al loro potere indifferenziato, cominciando a riconoscerli nel loro insieme e quindi stabilire un contatto collaborativo che permetta l'integrazione.

"Arrivata al palazzo della Regina, Gerda trovò Kai che giocava con alcuni ghiaccioli, ma il suo volto era scuro ed avrebbe sicuramente pianto se il suo cuore non fosse diventato di ghiaccio, insensibile e sordo ad ogni richiamo. La Regina delle Nevi gli aveva detto che lo avrebbe lasciato andare solo quando fosse riuscito a comporre con pezzetti di ghiaccio la parola ETERNITA', ma lui non ci riusciva e si gelava le mani che erano diventate livide e scure, anche se lui non sentiva più nulla, il suo cuore era diventato di pietra. Non appena Gerda lo vide, gli saltò al collo e, piangendo di gioia, lo abbracciò con trasporto, ma lui rimase impassibile: "Chi sei tu? Che vuoi da me? Vai via, lasciami in pace". Gerda non si arrese e, nonostante questo rifiuto, continuò a chiamarlo, mentre gli parlava e lacrime e lacrime scendevano dal suo viso, finché due di loro caddero negli occhi di Kai e sciolsero il ghiaccio del suo cuore. Il bambino riconobbe Gerda e si mise a ridere ed era felice, Kai aveva ricordato tutto del suo passato e finalmente si erano ritrovati. Aiutato dalla bambina, Kai riuscì a comporre con i pezzetti di ghiaccio la parola ETERNITA' e tutti e due ballavano e cantavano dalla gioia: "La Regina delle Nevi è sconfitta!", esultavano insieme, "non ha più alcun potere su di noi!". Gerda guidò Kai fuori dal palazzo dove li aspettava la loro slitta e tornarono felici al loro paese, dove li accolsero tutti con grande gioia". E conclude l'Autore: "E stavano lì seduti, entrambi adulti eppure bambini, bambini nel cuore ed era estate, la calda estate benedetta".

Ancora una volta ci ritroviamo di fronte alla tematica delle lacrime, che abbiamo già incontrato nella fiaba di Raperonzolo.
Le lacrime sciolgono l'anima.

Sono il principio d'amore che si congiunge con quello della forza divenuta consapevole. Ma ancor più forte è la tematica del ricordo, della buona volontà che deve dimostrare la persona che voglia arrivare a capo di certe situazioni che creano sofferenza, affrontando un viaggio a ritroso, ai tempi dell'infanzia, in cui sono stati gettati i primi "mattoni" psicologici di quella che sarebbe poi diventata la sua struttura mentale, le convinzioni, le interpretazioni, i mandati familiari ed i successivi atteggiamenti.

Leggiamo cosa scrive a questo proposito Jean S. Bolen, nel suo libro "Gli dei dentro l'uomo": "Il processo di riscoperta del proprio sé è sempre una discesa graduale, alla scoperta di sentimenti sepolti, alla scoperta del proprio mondo interiore, dove è possibile riprendere in mano il filo della propria storia; l'uomo così scopre che chiunque abbia sepolto o espulso dalla sua coscienza e lasciato dietro di sé (il bambino che è stato, i genitori come figure di dimensioni sovrumane, un amico dell'infanzia, persone che un tempo amava oppure odiava) è ancora vivo dentro di lui. Qualunque cosa sia stata rimossa, lei esiste ancora in quel mondo interiore: qualunque cosa sia stata sepolta è come se fosse stata "sepolta viva" e quando la si scopre, si scopre che è lì, intatta, ferma e che fa male come allora". [61]

Ecco perché il ri-membrare diventa assolutamente necessario proprio per scendere alle radici della nostra infanzia e ricordare i bambini che eravamo e quello che amavamo o quello che ci feriva. Ma "ri-membrare" non vuol dire solo "ricordare", ma anche riappropriarsi della proprie membra e permettere a noi stessi di recuperare tutti i nostri "pezzi", anche quelli che non sono stati riconosciuti e non ci è stato permesso di esprimere, perché considerati inferiori e quindi fonte di svalutazione, inadeguatezza e sofferenza. Il cammino della donna dovrà tendere sempre in avanti, ma con la buona volontà di fermarsi ogni tanto a fare il punto del suo viaggio. Se così non sarà, c'è il rischio di perdere sulla via parti importanti del proprio sé che, sebbene escluse dalla coscienza in maniera automatica, possono essere recuperate ripercorrendo la propria storia personale per ri-conoscersi, prima ancora che pensare di conoscersi. E' dalla capacità di riconoscersi che deriva la potenzialità evolutiva, lo sguardo al passato è fondamentale per riflettere su chi eravamo, su chi pensiamo di essere nel presente e solo a quel punto essere certi di ciò che vogliamo diventare nel futuro, il futuro di una nuova vita.

---

[61] J.S. Bolen, Gli dei dentro l'uomo, Astrolabio Ubaldini, Roma 1989, pag. 283

CONCLUSIONI

Finisce qui il mio studio sugli archetipi femminili e termina con la dea Mnemosine, che chiude il cerchio attorno al "ritrovamento del tesoro" di cui parlava Carl Gustav Jung, a coronamento del "Percorso d'individuazione".

Solo in tarda età e solo dopo aver studiato l'Astrologia ho compreso che "la fine della storia" è in realtà un inizio, che ogni esperienza, anche la più dolorosa, può fornire la possibilità di indagare più a fondo su sé stessi, sui propri valori personali e finalmente scegliere in piena libertà, non più seguendo una via dettata da altri, ma solo dalla propria saggezza ritrovata.

Questo libro è nato anche dal tentativo di dare una spiegazione razionale a tutte le molteplici spinte e sollecitazioni contrarie che agitano i cuori di tutte le persone "in ricerca", soprattutto in questi tempi in cui l'umanità è chiamata ad un cambiamento; spero anche di essere riuscita a portare un contributo all'idea junghiana che sia affidato proprio alla donna il grande compito della trasformazione, della liberazione a cui tende l'intera umanità.

Se lei riuscirà ad accogliere le sue parti negate e la naturalezza del loro manifestarsi nella psiche, se riuscirà anche a dare un nuovo significato al termine "coerenza", non lasciandosi imbrigliare dall'immagine ideale che ha di sé stessa, ma semplicemente accogliendo i suggerimenti della sua Sophia interiore, potrà forse comprendere molto di più della sua natura, del suo rapporto con l'uomo e soprattutto onorare il suo "essere sacra", perché in grado di dare e preservare la vita, di insegnarne e tramandarne il mistero.

Annibale Carracci, Il trionfo di Bacco e Arianna, 1608

BIBLIOGRAFIA

C. G. Jung, Tipi psicologici, Opere, vol. 6, Bollati Boringhieri, Torino 1968
C. G. Jung, La psicologia dell'inconscio, Grandi Tascabili Newton, Roma 1989
C.G. Jung, Gli archetipi dell'inconscio collettivo, Opere, vol. 9, Bollati Boringhieri, Torino 1990
C.G. Jung, L'uomo e i suoi simboli, Edizioni Tea, Milano 2004
C. G. Jung, Ricordi, sogni, riflessioni, BUR, Milano 1998
C. G. Jung, Mysterium Coniunctionis, Opere, vol. 14, Bollati Boringhieri, Torino 1980
E. Neumann, La psicologia del femminile, Astrolabio Ubaldini, Roma 1975
E. Neumann, La Grande Madre, Fenomenologia delle configurazioni femminili dell'inconscio, Astrolabio Ubaldini, Roma 1981
E. Neumann, La Grande Madre, Fenomenologia delle configurazioni femminili dell'inconscio, Astrolabio Ubaldini, Roma 1981
J. Hillman, Anima. Anatomia di una nozione personificata, Adelphi, Milano 1989
L. Greene, La relazione interpersonale, Astrolabio Ubaldini, Roma 1989
J.S. Bolen, Le dee dentro la donna, Astrolabio Ubaldini, Roma 1991
J.S. Bolen, Gli dei dentro l'uomo, Astrolabio Ubaldini, Roma 1994
A. Carotenuto, Integrazione della personalità, Bompiani, Milano 2007
D. Kalsched, Il mondo interiore del trauma, Moretti & Vitali Editori, Bergamo 2001
P. Crimaldi, Iniziazione agli Amori Karmici, Edizioni Mediterranee, Roma 2009
L. Fassio, I nostri simboli interiori, Edizioni Spazio interiore, Roma 2013
S. Arroyo, Astrologia, Karma, Trasformazione, Astrolabio Ubaldini, Roma 1990
R. Graves, I miti greci, Longanesi & C., Milano 1992
G. Zukav, Una sedia per l'anima, Corbaccio Edizioni, Milano 1989
E. Jung, Animus e Anima, Bollati Boringhieri, Torino 2009
C. P. Estes, Donne che corrono coi lupi. Edizioni Frassinelli, Piacenza 2009
E. Harding, La strada della donna, Astrolabio Ubaldini, Roma 1951
M. Stein, Il principio d'individuazione, Verso lo sviluppo della coscienza

umana, Moretti & Vitali, Bergamo 2006

J. Raff, Jung e l'Immaginario alchemico, Edizioni Mediterranee, Roma 2008

C. B. Pert, Molecole d'emozioni, Edizioni TEA, Milano 1997

M.L. von Franz, Il Femminile nella fiaba, Bollati Boringhieri, Torino 2009

G. Ciappina, P. Caprini, Manuale di Cinematerapia, Utilizzare il cinema come strumento di sviluppo personale, Edizioni Istituto Solaris, Roma 2007

C. Ferraro:
https://psicologiaalchemica.wordpress.com//?s=Sophia&search=Vai

M. Luzi, Il libro di Ipazia, BUR, Milano 1980

H. C. Andersen, Fiabe, Mondadori, Milano 2004

H. C. Andersen, Usborne Publishing 2006

Le più belle fiabe dei Fratelli Grimm, Ed. Giunti junior, Milano 2005

Omero, Inni, BUR 1996

Platone, Opere complete, vol. 6, Laterza, Roma 1971

Esiodo, Teogonia, Mondadori, Milano 2004

Esiodo, Inni Orfici, Mondadori, Milano 2000

I Vangeli gnostici, Gli Adelphi, Milano 1993

Sinesio di Cirene, Opere, UTET, Torino 1989

Tutte le immagini sono tratte dalla "Raccolta Immagini" di Google

www.ingramcontent.com/pod-product-compliance
Lightning Source LLC
Chambersburg PA
CBHW060508290526
45791CB00001B/324